少年读历史

竹马书坊——编著

写给孩子的中国历史故事

①

天津出版传媒集团

天津人民出版社

图书在版编目（CIP）数据

少年读历史：写给孩子的中国历史故事：全4册 /
竹马书坊编著 . -- 天津：天津人民出版社，2019.11
　　ISBN 978-7-201-15073-4

　　Ⅰ．①少… Ⅱ．①竹… Ⅲ．①中国历史－少年读物
Ⅳ．① K109

中国版本图书馆 CIP 数据核字（2019）第 156725 号

少年读历史：写给孩子的中国历史故事
SHAONIAN DULISHI : XIEGEIHAIZI DE ZHONGGUOLISHIGUSHI

竹马书坊 编著

出　　版	天津人民出版社
出版人	刘　庆
地　　址	天津市和平区西康路 35 号康岳大厦
邮政编码	300051
邮购电话	（022）23332469
网　　址	http://www.tjrmcbs.com
电子邮箱	reader@tjrmcbs.com

责任编辑	王昊静
策划编辑	村 上　呼 怡
特约编辑	李　羚
装帧设计	元明设计

印　　刷	凯德印刷（天津）有限公司
经　　销	新华书店
开　　本	670×950 毫米　　　1/16
印　　张	32.5
字　　数	280 千字
版次印次	2019 年 11 月第 1 版　　2019 年 11 月第 1 次印刷
定　　价	128.00 元

前言

　　这是一套写给孩子的历史启蒙读物。史书如鉴，照见的不仅是千古风云，更是一个人的价值取向、心灵皈依。一个人的见闻决定他的视野；一个人的心胸决定他的作为。因此孩子越早接触历史，对他一生的影响就越深远。

　　然而在很多人的印象当中，历史就是教材中那一段段冰冷、枯燥的，由无数难记的数字和晦涩的人名堆砌起来的陈年旧事。所以一提到历史，许多成年人的厌烦感都会油然而生，更何况是孩子。为了激发孩子们对历史的兴趣，本书在编写过程中根据孩子的阅读特征，用鲜活生动的语言，把枯燥乏味的史料转化成了一个个妙趣横生的故事。在这里有孔子，有屈原，有文天祥，有史可法……这些原本陌生的历史人物都变得有血有肉，成了大家的朋友。与此同时，为了便于孩子们阅读和理解，我们对书中出现的难点字词，全部进行注释；对历史名人以及古地名，也全部加以注解，更大程度地实现了无障碍阅读。除此之外，每个故事都加入了知识链接、相关故事等版块，融入了和主文相关的历史知识、成语故事等，进一步拓展孩子的阅读量，开阔他们的视野。

从小听历史故事的孩子，内心是丰富的，对世事的看法也会更深入、更清晰。所以，很多人都会对这些孩子说——你懂得真多，真了不起，很有内涵！当然，这也是这套书想要带给你们的。

编　者

目录

春秋、战国

隋唐

五代十国

两宋

元、明、清

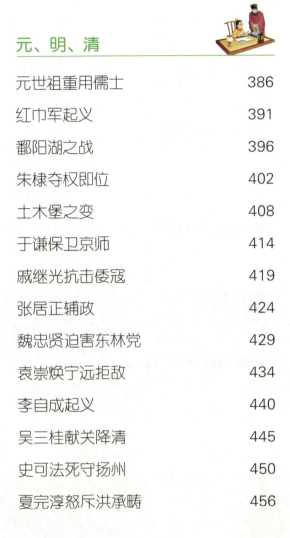

近代

远古时代

盘古开天地

这个神话故事，直到现在都深受人们喜爱，大家把勇敢的人称作顶天立地的英雄。你还知道哪些关于英雄的故事呢？

传说上古时期，天和地还没有分开，混混沌沌就像是一颗大鸡蛋，宇宙四周到处都黑漆漆的一片。时光流逝，一晃就过了一万八千年，在这片黑暗之中居然孕育出了一个力大无穷的神，他的名字叫盘古。

有一天，盘古突然醒来了，他睁开眼睛一看，发现四周到处都黑洞洞的，什么也看不见。盘古非常恼火，于是就顺手操起一把板斧，朝着前方黑暗处猛劈过去。"轰隆隆……"这一劈可不得了，刹那间只听得一声巨响，这

盘古

上古神话传说中开天辟地的人物，是我国神话体系中最古老的神。

个"大鸡蛋"一下子裂开了：其中一些轻而清的东西，慢慢上升变成了天；另一些重而浊的东西，则慢慢下沉变成了地。

天和地虽然分开了，但是盘古担心它们再次合拢，又回到混沌状态，于是他头顶天，脚踏地，稳稳当当地撑在天地中间。天每天升高一丈，地每天增厚一丈，盘古每天也就随之长高一丈。这样又过了一万八千年，这时，天已经很高很高了，地已经很厚很厚了，盘古也长

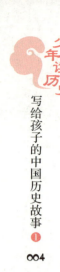
成了一个顶天立地的巨人。但悲哀的是，这时的盘古已经耗尽全身力气，终于倒下了。

相关故事

女娲造人

盘古开辟出的世界固然美丽，却空荡荡的，没有任何生灵。后来出现了一位名叫女娲的神，有一天，她照着自己的模样，用黄土捏出了一个可爱的小家伙。这个小家伙居然活了过来，女娲非常高兴，于是给他取了一个名字，叫作"人"。女娲接着又捏出了好多人，她实在太累了，于是拿起一根藤条，沾上泥水甩出去，泥水落在了地上，也变成了一个个的人。从此大地上到处是人类的踪迹。

就在盘古倒下的一瞬间，他的全身突然发生了巨大的变化：他口中呼出的气，变成了风和云；他的呻吟声，变成了隆隆作响的雷霆；他的左眼变成了太阳，右眼变成了月亮；他的手足和身躯，变成了大地和高山；他的血液变成了江河、筋脉变成了道路、肌肉变成了土地；皮肤和汗毛，变成了草地林木；头发和胡须变成了天上的星星；牙齿和骨骼，变成了蕴藏在地底下的宝藏……就连身上的汗水，也变成了雨露和甘霖。

这就是盘古开天辟地的神话。盘古开辟了天地，又用他的血肉之躯造就了一个美丽的世界。不过，你们相信这是真的吗？

神话毕竟只是神话，但是人们都非常喜欢这个象征着人类征服大自然的神话，所以一谈起历史，便常常会从"盘古开天地"说起。

我国科学工作者在各地先后发掘了许多猿人的遗骨，可以推断出我国境内最早的原始人，已经有一百万年以上的历史。像云南发现的元谋人，大约有一百七十万年历史；拿有名的北京猿人来说，也有七十万年的历史了。

知识链接

远古时代

停工。用了整整一年时间，他们一共搭了三百六十层，才搭到山顶。

神农氏带领大家攀登木架，登上了山顶。山上各色各样的花草长得郁郁葱葱。神农氏开心极了，他亲自采摘花草，放到嘴里品尝。白天，他到山上尝百草；晚上，他吩咐大家生起篝火，就着火光做详细的记录：哪些苦、哪些甜、哪些能充饥、哪些能医病……都写得清清楚楚。他尝出了麦、稻、谷子、高粱、大豆能充饥，就让黎民百姓种植，这就是后来的五谷。他尝出了三百六十五种草药，写成《神农本草经》，为天下百姓治病。

相关故事

构木为巢

原始人的周围生活着许多猛兽，会随时随地攻击他们，一点儿都不安全。后来，大家看到鸟雀把巢建在树上，这样野兽就爬不上去了。于是他们就在树上造一座小屋，把家搬到树上，果然安全多了。后来人们把这叫作"构木为巢"。这是谁发明的呢？当然是大家一起摸索出来的。但是在传说中，却把这件事说成是一个人教大家这样做的，他的名字叫作"有巢氏"。

当然，这个神农氏也是虚构出来的。从构木为巢、钻木取火，到发展渔猎、畜牧、农业，都是人们在共同劳动中一起摸索出来的。这些成果促使着人类不停地进步。

神农架位于我国的川、鄂、陕交界处。相传远古时代，神农氏曾经在这里遍尝百草，采药治病。由于山高路险，只好搭架而上，因此就留下了"神农架"这个名字。

知识链接

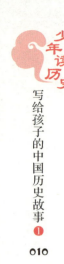
黄帝大战蚩尤

在黄帝和蚩尤的战争中，你认为是黄帝太霸道，还是蚩尤咎由自取？如果你是蚩尤，你会怎么做？

传说很久以前，我国黄河、长江流域分布着许多氏族部落。其中黄帝是黄河流域最有名的一个部落首领，另一个有名的部落首领叫炎帝。

炎帝部落中有一个支系，叫九黎族，他们的首领名叫蚩尤，十分强悍。相传蚩尤有八十一个兄弟，个个兽身人面，铜头铁臂，他们不仅勇猛无比，还擅长制造刀、弓弩等各种各样的兵器。

黄帝

华夏民族始祖，我国远古时期部落联盟首领，被后世称为"人文初祖"。

有一次，黄帝部落与炎帝部落发生冲突，双方在阪（bǎn）泉（今河北省涿鹿县东南）激战，最后黄帝获

胜，战败的炎帝选择投降，黄帝成了部落联盟的首领。但九黎部落却不肯跟着炎帝投降。于是黄帝联合各部落首领，在涿鹿和蚩尤展开一场大决战，这就是著名的"涿鹿之战"。

这场战争被传得非常离奇。相传大战之初，蚩尤凭借着良好的武器和勇猛的士兵，连连取胜。黄帝没办法，只好请来狼、熊、罴（pí）、豹、貙（chū）、虎助战。蚩尤的兵士虽然凶猛，但是遇到这一群猛兽却抵挡不住，纷纷四散败逃。

黄帝率领兵士乘胜追击，突然间，天地变色，狂风怒吼，雷鸣电闪，无边的天空中降下漫天暴雨，使他们无法继续追赶。原来，是蚩尤请来了风伯和雨师助阵。黄帝也不甘示弱，请来天上的女魃（bá）帮忙，驱散了风雨。刹那间，风止雨停，晴空万里。蚩尤还是不服，他又用妖法制造了一场大雾，使黄帝的兵士迷失了方向。黄帝又造了一辆"指南车"，指引兵士冲出迷雾，把蚩尤捉住并杀掉了。

战胜蚩尤之后，黄帝、炎帝部落联盟不断吞并临近的部落，渐渐融合成了华夏族。于是我们也常常称自己为炎黄子孙。

仓颉造字

相传仓颉（jié）是黄帝的史官，他用结绳记事的办法替黄帝记载史实。时间一长，那些大大小小、奇形怪状的绳结都记了些什么，连他自己也忘记了。因此，仓颉想造出一种简单易记的符号，用来表达思想，传授经验，记载历史。仓颉把自己关了起来，依照万物的形态造起字来。一天天过去了，仓颉终于造出了字，并将它们传授给了后人。

远古时代

不过，需要说明的是，以上关于黄帝大战蚩尤的故事，距离今天实在太遥远了，因此是否属实也都无从考证了。

传说黄帝的妻子嫘祖教会了妇女们养蚕，加工蚕丝，做出漂亮的丝绸衣裳，因此，她也被后人尊称为"先蚕娘娘"。

知识链接

尧舜禅让

关于禅让制，你了解多少呢？讲一讲，尧和舜都是什么样的人？

时光继续流淌。相传黄帝之后，部落联盟又先后出现了三个有名的首领，名字分别叫作尧（yáo）、舜（shùn）、禹（yǔ）。他们当上部落联盟首领，是部落首领们一起推选出来的。

尧是一位英明的部落联盟首领，年老的时候，他想找一个品德高尚又聪明能干的人来继承自己的位子。那时候部落联盟有什么大事，首领们都要一起商议，于是他把大家召集起

尧

号陶唐氏。他当上部落联盟的首领后，和大家一样住茅草屋，吃糙米饭，煮野菜做汤，夏天披件粗麻衣，冬天只加块鹿皮御寒。老百姓非常爱戴他，如同爱"父母日月"一般。

远古时代

少年读历史

写给孩子的中国历史故事

1

016

来，说出了自己的想法。这时一个名叫放齐的人立刻提议："您的儿子丹朱明白事理，可以让他继承位子。"尧听了连连摆手，说道："这小子性情粗野，又喜欢闹事，不合适。"

过了一些日子，尧又把大家聚集起来，再次讨论这件事。他说："你们可以不必在意亲疏远近，只要是贤明的人就尽管推荐。"

这次，部落首领们都推举一个人，他的名字叫作舜。尧听到这个名字，说："我也听说过这个人，大家详细讲讲他的事迹吧。"

部落首领们告诉尧，舜的家庭很特别：生母死得早，后母心肠歹毒；父亲瞽（gǔ）叟（sǒu），是个老糊涂；后母生的弟弟叫作象，为人傲慢无礼，但瞽叟非常宠爱他。尽管生活在这样的家庭中，但是舜对待他的父母和弟弟非常好，所以大家都认为舜是一个品德高尚的人。

相关故事

娥皇女英

相传娥皇和女英是尧的两个女儿。尧帝晚年想物色一个满意的继承人。他看到舜是个德才超群的人，于是，就把帝位传给了舜，并把娥皇和女英嫁给了他。舜帝晚年去九嶷（yí）山一带巡视，结果病死在了九嶷山。娥皇、女英得到消息后，天天扶竹向九嶷山方向泣望，眼泪把这里的竹子都染得泪迹斑斑。两人痛不欲生，跳入滚滚的湘水中，变成了湘水之神。

尧听了很高兴，但还想好好考察一下舜。尧把自己的两个女儿娥皇、女英嫁给舜，又替他修筑粮仓，赐给他很多牛羊。舜的后母和弟弟看见了，心里又是羡慕又是嫉妒，于是怂恿瞽叟，三番五次地想害死舜，夺取他的财产。

有一天，瞽叟突然让舜去修粮仓。舜刚爬上粮仓顶，瞽叟就在下面点起一把大火，想把舜活活烧死。幸亏舜身上带着两顶斗笠，危急时刻，他灵机一动，双手各自抓着一顶斗笠，展开双臂，像飞鸟一样轻轻落下来，脱离了灾难。

但是瞽叟和象并不甘心，又让舜去挖井。当舜挖得很深的时候，瞽叟和象就往井中填土，想把舜活埋掉。但是他们没有料到，舜挖井的时候留了点心思，在井壁上悄悄挖出一条通道，通向了外面。

看着填得严实的井，象很是得意，对瞽叟说："舜这回死定啦！待会咱们分一分他的财产吧。"象走进舜的屋子，悠闲地弹起琴来表示庆贺。但是没多久，舜就回来了。象先是很震惊，接着很失落，然后皮笑肉不笑地说："哥哥啊，幸好你回来了，我想你想得好苦呀！"舜装作若无其事的样子，心平气和地说："我也好想你啊，弟弟。"

即使经历了这些事，舜还像过去那样善待他的父母和弟弟。瞽叟和象心里觉得很惭愧，便不再暗害舜了。尧听说这些事之后，又对舜进行了各种考察，直到尧认为舜确实品德高尚又聪明能干，才放心地把位子传给了他。

其实在氏族公社时期，部落首领年老的时候，用选举的方法来推选新首领是很平常的事情。舜年老的时候，同样把位子传给了治水有功的禹。

禅让，是指统治者把部落首领的位子让给有才华、有能力的人，让更贤能的人统治国家。尧是黄帝之后比较著名的部落联盟的首领，他年纪大了，就把部落联盟首领的位置让给了舜，这种让位的方式，历史上称之为"禅让"。

知识链接

大禹治水

 尧自己有儿子，却把位子让给了舜，同样舜又让给了禹，可是禹死后，他的儿子启却直接继承了王位。想一想，是什么促使了从"禅让制"到"世袭制"的转变呢？

相传尧在位的时候，黄河流域经常发生水灾。无边无际的洪水冲塌房屋，淹没庄稼，使百姓们难以生活下去。不少地方的毒虫猛兽因为水灾没有办法藏身，纷纷跑出来伤人，百姓们更是苦不堪言。

尧心里非常着急，把部落首领们聚集到一起，对他们说："各位，如今水患严重，百姓们受尽苦难，谁可以担当起治理洪水的重任？"部落首领们商量来商量去，最后推举鲧（gǔn）。尧觉得鲧不太可靠，犹豫不决，但是首领们都说："现在没有谁比鲧更合

鲧

大禹的父亲，我国上古时代神话传说中的人物。

适了，就让他试试吧。"尧这才勉强同意。

　　鲧治水的方法比较简单，水来土掩，哪里闹水灾他就在哪里筑造堤坝，结果堤坝都被洪水冲垮了。他花了九年时间治理洪灾，非但没有任何成效，反而使百姓们遭受了更大的苦难。

　　舜接替尧当上部落联盟首领后，亲自去考察，发现鲧办事不力，就革去他的职务，把他放逐到羽山（位于今江苏省东海县与山东省临沭县交界处），后来鲧死在了那里。舜征求部落首领们的意见，让大家再次推荐治水

的人。这次大家都推荐鲧的儿子禹。舜没有因为禹是鲧的儿子而轻视他，于是把治水的重任交给了他。禹也不因为舜处罚了他的父亲就怀恨在心，他暗下决心："我的父亲没有治好水，给大家带来了苦难，我一定要完成治水的大任！"

禹吸取父亲的失败教训，采用"疏导法"来治水，具体的办法是开挖渠道、疏通河道，把洪水引入大海。他走遍山川大地，观察地形，决定哪里可以动工，然后亲自和百姓们一起挖土掘石，不分昼夜地干活，因为双腿长期在水中浸泡，小腿上的腿毛都掉光了。经过十三年的艰苦努力，禹最终把洪水引入大海。人们在洪水退去的土地上种植庄稼，过上了安定的生活。因为治水有功，在舜年老的时候，禹自然而然地继承了部落联盟首领的位子。

禹因为治水功劳很大，做部落联盟首领时特别有号召力，权力也非常大。传说他年老的时候，有一次在会（kuài）稽（jī）山（位于浙江省绍兴市北部）召集大家开会，防风氏的部落首领去晚了，禹认为他怠慢了自己的命令，就把他杀了。这时候的禹，和尧、舜做部落联盟首领时显然不一样。

禹死之后，按照禅让制度，本该由大家推举出来的伯益继承位子，可是禹所在的夏部落的贵族们却拥戴禹的儿子启继承王位。启在贵族们的支持下，杀死了伯益，打败反对自己的有扈（hù）氏，并且让有扈氏的人成为奴隶，替贵族们牧养牲畜。其他部落看到有扈氏的下场，再也没有人敢反对启了。

三过家门而不入

相传禹和涂山氏的姑娘成亲后，第四天就出去治水。生启时，禹在外治水；启长大了，禹还在外面治水。这期间禹因为担心因私废公，三次过家门而不入。禹的这种大公无私的精神受到了民众的赞扬，也为舜所重视。所以舜在晚年把首领的位置禅让给禹。后世的人们为了称颂他为治水付出的一切，就尊称他为大禹。

这样一来，氏族公社时期的选举制度就被废除了，启建立了我国历史上第一个奴隶制王朝——夏朝。启当上国王之后，封自己死去的父亲禹为第一任夏王。

启死之后，位子直接由自己的儿子继承，不再传给外人，这就是世袭制。

远古时代

世袭制，是指国家王位由一个家族世代承袭的制度。君主与君主之间有血缘关系，但不一定是直系，有的是兄传弟，也有的是叔传侄。

知识链接

夏、商、西周

太康失国，少康中兴

太康失国使得夏朝的统治中断约四十余年，大家想一想，太康失国的主要原因是什么呢？

启死后，他的儿子太康继承了王位。太康是个昏庸的国王，从不关心国家政事，一门心思用在打猎游玩上。有一次，他带着随从去洛水（今河南省西部）南岸打猎，越打越高兴，竟然一百多天都不回家。

居住在黄河下游地区的有穷氏部落，他们的首领名叫后羿（yì），一直想夺取夏王朝的权力。他得知太康长期在外狩猎，觉得机会来了，赶紧带兵守在洛水北岸。等到太康打猎归来，走到洛水边的时候，突然看到对岸全是后羿的军队，吓得目

启
禹的儿子，夏朝的第二任君王。夏启即位后，世袭制代替了禅让制，"公天下"变成了"家天下"。

瞪口呆。可是他只带了一些随
从，于是被后羿驱逐，在洛水
南岸过着流亡生活。

后羿担心其他部落首领
不服从自己的命令，因此
不敢自立为王。他让太康
的弟弟仲康做国君，自
己在背后控制仲康，操控
国家政权。

后来仲康死了，仲康的儿子相继承了王位。后羿发
现相不太听话，不好管理，于是就把相赶走，自己坐上了
王位。后羿和被他赶走的太康其实是同一类人，当上国君
后，便得意忘形起来，整天打猎游玩，把国家交给他的手
下寒浞（zhuó）去管理。寒浞这个人很阴险，得到权势
后，就到处收买人心，建立自己的势力。一次，后羿打猎
回来，寒浞派人把他杀死了。

夺取后羿的王位之后，寒浞怕夏后氏的族人跟他争夺
王位，就派人追杀被后羿赶走的相。他费了不少功夫，终
于把相杀死了。相的妻子后缗（mín）却从城墙的墙洞中
悄悄逃走了。她当时正怀着孩子，逃回自己的娘家有仍氏
后，生下一个儿子，名叫少康。

后羿射日

　　传说古时候，天上突然出现了十个太阳。在它们的炙烤下，大地像被烤焦了一样，江河湖泊里的水在逐渐干涸。这个时候，有一个叫后羿的神射手，他拈弓搭箭，"嗖嗖嗖"地连发九箭，九个太阳接连坠落。这样，天上就只剩下一个太阳，从此灾难消失了，大地上昼夜交替、四季分明。不过要说明的是，这个后羿和文中提到的后羿可不是同一个人哦！文中的有穷氏部落的首领，因为箭法同样高明，因此也被人称作"后羿"。

少康长大之后，在有仍氏部落负责看管牲口，后来寒浞听说他是相的儿子，就派人来抓他。少康没办法，只能逃跑，逃到了支持他的有虞（yú）氏部落。

少康从小在艰苦的环境中长大，练就了一身好本领。他在有虞氏部落招兵买马，联合支持他的夏朝大臣以及部落首领，向寒浞发起反攻，最终把王位夺了回来。夏朝从太康失国，中间经历大约四十多年的动荡。少康即位后，认真治理国家，国力才渐渐恢复过来。历史上称这一段时期为"少康中兴"。

寒浞虽然死了，但是东夷族依然很强大。少康刚上台的时候，有很多事情要做，没有精力去对付他们。等到他的儿子杼（zhù）即位，立刻向东夷族发起大规模的复仇战争。东夷族人的弓箭很厉害，杼发明了可以保护身体的铠甲，于是战胜了他们。经过这次战争，夏朝的国土扩大了，从西边的黄土高原，一直到东边的大海，建立了一个从未有过的大国。

杼

夏朝第七任君王，在位十七年。曾参加父亲领导的恢复夏国的战争，并立下许多战功。他发明了甲和矛，并大举征伐东夷，取得胜利。

夏、商、西周

相死后，少康一直把杀父之仇记在心上。他思来想去，想到了使用"间谍"。少康有一个名叫女艾的女仆，不仅对少康忠心耿耿，而且智勇双全。少康把自己的想法告诉了女艾，她乔装打扮来到寒浞的统治中心，打探消息，了解民情，为少康提供了许多宝贵的情报。女艾由此成了我国历史上第一位女间谍，同时也是世界上最早有记载的一位女间谍。

知识链接

商汤伐夏桀

 商汤伐夏桀给我们讲述了一个什么样的故事？想一想，商汤为什么最终会取得成功？

夏朝的统治持续了四百多年，最后一个国君名叫夏桀（jié）。夏桀是有名的暴君，他一面无休止地奴役百姓，一面又与贵族们不分昼夜地饮酒作乐，过着荒淫奢侈的生活。

这个时候，黄河下游有个叫作商的部落，势力日益壮大，他们的首领叫作汤。商汤看到夏桀这样残暴，就决心推翻夏朝的统治。他表面上服从夏桀，暗地里却计划着一步步削弱夏桀的势力，扩充自己的实力。

那时候的部落贵族都很迷信，把祭祀天地、祖宗看成是最重

> **夏桀**
>
> 夏朝最后一个国君。在位期间鱼肉百姓，荒淫无度，是历史上有名的暴君。

要的事情。在商部落附近，有一个忠于夏桀的部落叫作葛（gě），已经很长时间没有祭祀了。商汤知道后就派人去责问他们的首领葛伯到底是怎么回事。葛伯很狡猾，借口说："我们不是不想祭祀，而是太穷了，没有牛羊做祭品。"

商汤立即派人送了一批肥壮的牛羊给葛伯。葛伯收到牛羊后，又说："哎呀，我们没有粮食、酒饭做祭品，所以还是没办法祭祀呀！"

商汤于是派了一些年轻力壮的人去给葛伯种粮食。又派了一些老人和小孩去给耕田的人送饭。无赖的葛伯派人守在路上，将饭菜全都抢走，有一次还杀死了一个送饭的孩子。

葛伯这样做，引起了人们的公愤，商汤于是抓住时机，派兵吞并了葛部落。接着，商汤又派兵攻下附近的几个部落，这样商成了当时最强大的部落。对此，昏庸的夏桀一点都不重视。

后来有个叫伊尹的人，是个难得的人才。商汤提拔并重用了他。在伊尹的辅佐下，商汤把商部落治理得井井有条，百姓们丰衣足食，周围的一些部落也纷纷前来归顺。

时间久了，夏桀也觉察到商汤的势力太大了，就把商汤召到朝堂，趁机关了起来。伊尹得到消息后，赶紧给夏桀送去很多珠宝和美女。夏桀是个贪婪的人，收到好处后就乐呵呵地把商汤放回去了。

商汤回去之后，更加积极地发展自己的势力。而夏桀仍然残暴不仁，越来越多的部落背叛了他。终于，商汤看到时机成熟了，就和伊尹商量，决定出兵讨伐夏桀。

商汤把将士们都召集起来，对大家说："我现在并不是要起兵叛乱，实在是夏桀作恶多端，老天爷都感到

姜太公钓鱼

姜子牙渭河垂钓只是为了钓鱼吗？讲一讲，周部落为什么会一天天地强盛起来呢？

商朝最后一位君主残暴无比，后世称他为纣王。纣王在位的时候，西边有一个名叫周的部落，一天天发展壮大起来。他们的首领姬昌每天兢兢业业地治理着自己的部落，鼓励百姓多种粮食，多养牛羊。姬昌自己生活勤俭，经常穿着普通人的衣服到田间去劳动。对于有才能的人，他总会虚心接待他们，所以很多贤能的人都去投奔他。

周部落的强大对商朝是个巨大的威胁。商朝有个叫作崇侯虎的大臣，趁机说姬昌的坏

姜尚

字子牙，号飞熊。在民间传说中，通常叫他姜太公。姜尚是个真正有才能的人，最终辅佐武王建立了周王朝。

话。于是纣王把姬昌抓了起来，关在一个叫作羑（yǒu）里（今河南省汤阴县北）的地方。

相关故事

文王拉车

相传周文王姬昌获释回国后，求贤若渴。一天，他在渭水边遇到了直钩垂钓的姜子牙。交谈中，文王发现姜子牙果然韬略盖世，便邀请他辅佐自己。姜子牙为了考验文王的诚意，竟然要文王为他拉车。文王求贤心切，亲自为姜子牙拉车，据说一共走了八百步。后世便用"文王拉车八百步，周朝天下八百年"来称赞周文王这种礼贤下士的美德。

夏、商、西周

　　为了营救自己的部落首领，周部落的贵族们给纣王送去许多美女、骏马和奇珍异宝。纣王收到好处之后，乐颠颠地说："哎呀呀，光是这么多美女就足够赎回姬昌了，何况还有这么多宝贝呢！"于是他立即把姬昌放回去了。

　　姬昌回去之后，决心灭掉商朝。不过他身边缺乏有军事指挥才能的人，所以一直在想办法物色。有一天，姬昌外出打猎，在渭水边看到一个奇怪的老人在钓鱼。老人的鱼钩离水面大约有三尺高，并且是直的，上面什么都没有。他一边垂钓，嘴里一边念念有词："鱼啊，鱼啊，愿意上钩的就来吧！"姬昌一时好奇，和这个怪人聊了起来。这才知道他名叫姜尚，是一个精通兵法和治国之术的奇人。

　　一番畅谈之后，姬昌高兴地说："我的祖父在世的时候对我说过：'将来会有一个了不起的人辅佐你，让我们的部落兴盛起来。'没想到今天遇到了您，您正是我祖父期盼的人啊！"说完，便邀请姜尚跟他一起回宫，辅助他治理周部落。

　　拥有强大实力之后，姬昌又开始不断地树立自己"仁义"的形象。当时，虞部落和芮（ruì）部落因为领土问题发生纠纷，双方争执不下，就去找姬昌评理。可是当双方的首领进入姬昌的领地之后，发现这里的人都十分谦让，就连自家的田亩地界也互相谦让着，不肯让别人吃亏。虞、芮

两个部落的首领立刻觉得惭愧极了，于是把有争议的领土谦让出去，当成公用的闲田。其他部落的人听说这件事，都十分敬佩地说："这天下恐怕很快是姬昌的了。"

在树立名声的同时，姬昌陆续向一些忠于纣王的诸侯发兵，战胜了密须国（今甘肃省灵台县一带）、崇国等，势力进一步扩展。没过几年，姬昌就逐渐占领了大部分商朝统治的地区，势力甚至比纣王还大。

遗憾的是，当姬昌准备讨伐纣王的时候，得了一场病，死了。因此讨伐商纣的任务，就落到了他儿子姬发的身上。

《周易》，即《易经》，传统经典之一。相传是周文王姬昌被囚禁在羑里时推演出来的，内容包括《经》和《传》两个部分。

知识链接

武王伐纣

 想一想，武王伐纣和商汤伐夏桀两个故事之间有什么共同之处？

周文王死后，他的儿子姬发继承了王位，姬发即周武王。武王拜姜尚为师，让弟弟周公旦、召（shào）公奭（shì）辅佐自己，继续一面发展生产，一面扩充军队，为讨伐纣王做好准备。

过了几年，武王为了试探一下商朝的实力以及民心所向，便以商朝属国的名义，率军东进。武王的军队东渡黄河，来到了一个叫作孟津（今河南省孟津县东北）的地方，商朝的

纣王

商朝最后一位君主，名帝辛。他天资聪颖，而且气力过人，能徒手和猛兽格斗。同时，他又骄奢跋扈，宠爱妲己，大兴土木，使百姓苦不堪言，最终落了个众叛亲离、自焚鹿台的下场。

夏、商、西周

八百多个诸侯，居然都聚集到孟津，表示愿意追随武王伐纣。但是武王认为纣王还有一定的号召力，周围还有比干、箕子、微子等一批贤臣辅佐，时机还没有成熟，就率领军队回去了。

然而，此时的纣王越来越暴虐了。他的叔叔比干、箕子和哥哥微子担心商朝的前途，苦口婆心地劝他不要再胡作非为下去。纣王不但不听，反而恼羞成怒。他将比干剖胸挖心，给箕子剃了光头，关到后宫当奴隶。微子没办法，只好伤心地逃离了朝歌（今河南省淇县），隐居起来。

相关故事

不食周粟

伯夷、叔齐是商末孤竹国国君的儿子。武王伐纣胜利后，这两个人想不开，就躲进首阳山（今山西省永济市南）里，拒绝吃周朝田地里生产的粮食，只吃一种叫作薇的野菜。有个妇人看到了，就问他们："你们俩不吃周朝的粮食，可为什么还吃周朝的野菜呢？"这两个人一听，觉得有道理，从此之后连野菜也不吃了，没过多久就饿死在了首阳山里。

武王打听到这些消息后，认为讨伐纣王的时机已经
成熟了，于是召集了大约五万军队，请姜尚做元帅，浩浩
荡荡地杀向朝歌。军队到达孟津，诸侯们纷纷率兵前来会
合。武王在孟津发表演说，列出纣王的罪状，号召大家齐
心协力地推翻他。

　　纣王听到武王率军攻打朝歌的消息，一开始根本没放在心上。然而武王的军队斗志高昂，一路连连打胜仗，很快就打到距离朝歌仅仅七十里远的牧野。纣王这才紧张起来，他只好匆匆忙忙地拼凑出七十万军队，前去牧野迎战。但是这七十万人中，大半是被迫来打仗的奴隶以及俘虏，这些人早就恨透了纣王，怎么会替他打仗呢！所以战争开始没多久，他们就调转武器，跟着周军一起打商军，把商军打得一败涂地。

　　纣王灰头土脸地逃回朝歌，躲进鹿台，一把火把自己烧死了。胜利后的周武王定都镐京（今陕西省西安市西），建立了周朝。

　　鹿台是商纣王和宠妃妲己享乐的地方，是纣王集合全国的人力和物力，花了整整七年的时间才修筑而成的。相传鹿台非常华丽，它斗拱飞檐，雕梁画栋，里面堆满了数不清的奇珍异宝。

知识链接

周公辅成王

说一说，周公旦是怎样辅助成王的？谈一谈辅佐君王应该
具备什么样的品质？

周武王建立周朝后，仅仅过了两年就病死了。他
的儿子姬诵即位，历史上称之为周成王。当时姬诵只有
十三岁，于是就由武王的弟弟周
公姬旦辅佐他，并暂时掌管着国
家政权。

这样一来，武王的另外几个弟弟
管叔、蔡叔、霍（huò）叔心里就不舒服
了。他们想：同是武王的亲兄弟，凭什
么周公就掌管着国家政权
呢？于是他们到处
造谣："周公狼子
野心，想要篡夺王

位啦！"谣言传到镐京，闹得沸沸扬扬。周公是个为人忠实、豁达大度的人，听到这些谣言后，立刻离开京都，到外地避嫌去了。

管叔和蔡叔看到周公离开了成王，立刻怂恿纣王的儿子武庚起来谋反，企图篡夺王位。武庚本来就有造反的打算，于是他们就联合几个东夷的部落，一起公开发动了叛乱。历史上把这次叛乱称作"三监之乱"。这时的周王朝，就像风雨飘摇中的鸟巢，随时有倾覆的危险！

武庚

纣王的儿子，武王封他为殷侯，又派了管叔、蔡叔、霍叔去辅佐他，这三人又被叫作"三监"。武庚后来在三监的怂恿下，发动叛乱，最终兵败被杀。

周成王得到消息，急忙召集大臣商议。这个时候，一个大臣说："这事只有周公才有办法处理！"成王一听，立刻把周公请了回来。周公可不是个简单的人物。他回来后，首先不慌不忙地找到朝中重要的大臣，进行一番感人肺腑的谈话，让大家消除了对他的误解。安定内部之后，他立即调动大军，亲自率军平叛。耗时三年，终于平定了叛乱。

周公吐哺

周公辅佐周成王的时候，做事认真负责。洗头时，遇到有急事要处理，他马上停下来，把头发握在手里去办事。吃饭时有人求见，他立即把来不及咽下的饭菜吐出来，去接见那个人。他勤勤恳恳，一门心思用在治理好国家上面，做出了许多了不起的贡献。

周公辅佐成王整整七年。在这七年中，他不仅平定了内乱，而且制定了一套完备的礼仪体制，史称"周礼"。周礼将奴隶主贵族分成了天子、诸侯、卿、大夫、士五个阶层，每个阶层都有着各自的服饰和礼仪。同时，他又让人制作出许多首乐曲，让大家来听，来学习，正式场合都要进行演奏。这样，我国的礼乐制度逐渐完善了起来。

七年之后，周朝的统治稳固了下来。这时成王也长大了，周公就把大权还给成王，重新做起了普通的臣子。

从周成王到他的儿子周康王，前后五十多年时间，周朝出现了繁荣强盛的局面，历史上叫作"成康之治"。

夏、商、西周

　　三监之乱后，周公俘获了很多商朝旧贵族，让他们留在原来的封地。周公虽然不太放心，但是又不能把他们全杀了，于是在东边建了一座都城，叫作洛邑（今河南省洛阳市），把他们全部迁到那里，并且派兵监视起来。从那之后，周朝就有了两座都城。西部是镐京，也叫宗周；东部是洛邑，又叫成周。

知识链接

烽火戏诸侯

 大家听说过烽火戏诸侯的故事吗？说一说周幽王作为一国之君，犯了什么样的致命错误？

周幽王姬宫湦（shēng）即位后，西周的统治终于走到了尽头。

周幽王是个整天只知道吃喝玩乐的君王。有一天，有人献给他一个非常漂亮的姑娘，名叫褒（bāo）姒（sì）。可是这个美人儿却整天闷闷不乐，从来不笑。周幽王想尽办法，也没能逗笑她。于是他悬赏一千两金子，说谁要是能让褒姒笑一下，就把金子赏给他。

有个叫作虢（guó）石父的马屁精，赶紧给

褒姒

褒国人，周幽王的第二任王后，历史上有名的美女。相传她生性不爱笑，周幽王为了取悦她，居然"烽火戏诸侯"。

夏、商、西周

周幽王出了一个主意，晚上的时候，周幽王带着褒姒登上了骊山。

原来古代为了防范外敌入侵，通常在地势比较高的地方，每隔几里地就会建造一座烽火台。发现敌人的时候，前方看守的人就赶紧燃起烽火，后方第二座烽火台上的看守见到烟火，便接着把烽火燃起来。烽火就这样一座接着一座燃了起来，附近的诸侯看到了，就会率兵来救。

骊山一带，总共建造了二十多座烽火台。周幽王上了骊山，立刻让士兵们把烽火点起来。于是夜幕中火光冲天，浓烟滚滚。

附近的诸侯看到后，以为西戎军队打进来了，立刻带领兵马前来救援。褒姒看见骊山脚下来了好多兵马，惊慌失措地涌在一起。他们像无头苍蝇一样跌跌撞撞地跑着，嘴里还喊着救援的口号，终于开心地笑了起来。

相关故事

国人暴动

在周幽王之前，西周还出现过一位荒唐暴虐的国王——周厉王。周厉王贪婪暴戾，致使镐京的百姓怨声载道。周厉王听了很不高兴，下令如果有人敢谈论国事就杀头。渐渐地，老百姓都不敢讲话了。人们碰到熟人，也只是用眼神示意一下，然后匆匆地走开。周厉王得知后十分满意。三年后，因不满周厉王的暴政，镐京的百姓集结起来，手持棍棒，围攻王宫，要杀周厉王。周厉王只好带着亲信逃到了彘（今山西省霍州市），最后病死在了那里。

夏、商、西周

　　前来救援的诸侯和将士，看到山上连一个敌人的影子都没有，却隐隐约约地传来一阵阵鼓乐之声，都愣住了。这时，周幽王才派人告诉大家："你们辛苦啦，这里没什么事，天子和王妃刚才在点烽火玩，大家回去吧！"诸侯们知道上了当，愤愤地离开了。

　　没过多久，西戎大军真的打进来了。周幽王收到西戎大举入侵的消息，赶紧让人点燃骊山上的烽火。不过这次，烽火燃起来了，却没有一个诸侯带兵来救。西戎大军很快攻破镐京，杀了周幽王，抢走了褒姒，劫走了周王朝堆积如山的奇珍异宝。

　　周幽王死后，诸侯立他的儿子姬宜臼做天子，即周平王。为避开西戎侵扰，公元前770年，周平王把国都迁到了洛邑。因为镐京在西边，历史上把这个时期的周朝叫作西周；而洛邑在东边，所以迁都以后的周朝称为东周。

知识链接

春秋、战国

鲍叔牙荐管仲

故事中的管仲和鲍叔牙是一对好朋友，相信大家也都有朋友，请说一说，真正的朋友应该是什么样的呢？

　　周幽王亡国后，他的儿子周平王于公元前770年将国都迁到了洛邑，东周从此拉开了序幕。东周又分为两个时代：公元前770年—公元前476年，这一历史时期被称作春秋；公元前476年—公元前256年，这一历史时期时期被称作战国。

　　春秋时期，诸侯当中最早成为霸主的是齐桓公。齐国是姜尚的封地，是个大国，国力比较强盛。公元前686年，齐国发生内乱，国君齐襄公被杀。齐襄公有两个弟弟，一个叫公子

　　名夷吾，相传是周穆王的后代。他是我国古代著名的哲学家、政治家、军事家。被誉为"华夏第一相"。

纠，另一个叫公子小白。当时他们都身在国外，听到国君被杀的消息后，都赶忙回国争夺王位。

公子纠的师傅叫作管仲，他担心公子小白先赶回齐国，便在半路设下埋伏。他远远地看见小白乘车过来，便张弓搭箭，一箭射去。小白惨叫一声，倒在车里。他自以为小白必死无疑，于是和公子纠一路慢慢悠悠、大摇大摆地回到齐国。哪里料到小白的运气实在是太好了，他当时射中的不过是小白的腰带环。等他们进入齐国境内，才发现小白早就抢在前面，登上了国君的宝座。公子小白便是齐桓公。

齐桓公即位后，立刻杀死公子纠，并把管仲关进了大牢。当时几乎所有人都认为管仲必死无疑，而齐桓公的师傅鲍（bào）叔牙却说，管仲非但不能杀，而且还应当重用。齐桓公生气地说："管仲差点杀了我，我恨不得立即要他的命，怎么可能用他！"鲍叔牙说："以前管仲是公子纠的师傅，用箭射您，是因为他对公子纠忠心。他的才能比我强太多了。如果您只是想治理好齐国，有我鲍叔牙就差不多了；要是您想称霸天下，非用管仲不可！"齐桓公一向相信鲍叔牙，于是找管仲谈话，发现管仲果然是个人才，立即命他为相。

其实鲍叔牙和管仲，很早之前就是好朋友。他们合伙做生意，鲍叔牙拿的本钱多，管仲拿的本钱少，可是赚了钱，管仲总是多拿一份。有人看不过去，质问："凭什么好处都让管仲占尽了？"鲍叔牙说："管仲家里比较穷，这可以理解。"后来，管仲又和鲍叔牙一起去参军。但是每次冲锋，他都躲在鲍叔牙后面；退兵时，他又准会跑到鲍叔牙前面。有人对鲍叔牙说，管仲这个人是个懦夫，鲍叔牙却说那是因为他家里有老母亲要赡养，所以才爱惜自己的性命。不管别人怎么说，鲍叔牙从始至终都信任管仲，后人把他们之间的这种情谊，称作"管鲍之交"。

这一次，管仲果然没有让老朋友失望。他一方面改革制度，把国家治理得井井有条，让军队人员充足、兵强马壮；一方面大力开采铁矿，大量制造农具，大大地提高农民的耕种技术。除此之外，他还提倡大规模地用海水煮盐。齐国离海近，生产盐很容易，别的离海远的国家都到齐国买盐，因此齐国越来越富强。这样过了七年，齐桓公就成了春秋时期的第一位霸主。而鲍叔牙呢，为了国家利益，不计较个人得失，甘心屈居人下，他力荐管仲的故事，千百年来为人传颂！

老马识途

公元前663年，齐桓公亲自率兵攻打入侵燕国的山戎。打了胜仗想要返回齐国时，大军却在一个山谷里迷了路。管仲说："大王，我听说老马有认路的本领，可以利用它在前面领路，带领大军走出山谷。"齐桓公同意试试看。管仲立即挑出几匹老马，解开缰绳，让它们自由行走。果然，这些老马都毫不犹豫地朝同一个方向行进。大军就紧随其后，终于走出山谷，找到了回齐国的路。

春秋时期，周王朝日渐衰败，与此同时，一些诸侯的实力日渐壮大。为了夺取更多的土地、人口和财富，当上实际控制天下的霸主，他们之间展开了长期的战争。在这期间，先后有五个诸侯当上了霸主，历史上称为"春秋五霸"。他们分别是齐桓公、晋文公、秦穆公、楚庄王、宋襄公。

知识链接

秦穆公羊皮换相

 读了这个故事后，你觉得秦穆公是个什么样的人？他具备成为霸主的品质了吗？

春秋时期，群雄并起，当时的秦国地处西北边陲（chuí），国小民弱，与其他强国相比一点儿都不起眼。他们的第十五代国君秦穆公即位后，雄心勃勃，力求改变现状，他求贤若渴，开始广招人才。

虞国（今山西省平陆县北）有个叫百里奚的人，饱读诗书，才学过人。可是他家境贫困，加上虞国宗法制度森严，平民根本没有希望当官。百里奚的妻子杜氏是个很有见识的女

秦穆公

赢姓，名任好，春秋时期秦国国君。秦穆公在位期间，广纳贤士，大胆任用非本国的人才，开秦国任用客卿制度的先河。被《史记》认定为春秋五霸之一。

春秋、战国

059

子，她不忍心看到自己的丈夫怀才不遇，于是便杀掉了家里唯一一只下蛋的母鸡，炖熟了给丈夫饯行，鼓励他去别的国家一展抱负。

百里奚从虞国出发，分别去了宋国、齐国等国家，都没有得到重用。唯一的收获是，他在宋国结交了一个名叫蹇（jiǎn）叔的朋友。后来，在蹇叔的举荐下，他回虞国当了个大夫。可是虞国国君是个爱贪小便宜的糊涂虫，在收了晋国送的玉璧和宝马后，就答应借道路给晋国，让晋国去征讨自己的邻国虢国。

晋国灭掉虢国后，直接把矛头指向了虞国。公元前655年，晋国灭掉虞国，俘虏了虞国国君以及大夫百里奚。由于他拒绝在晋国做官，因此被晋国充作奴隶，在穆姬嫁给秦穆公时候，陪嫁到秦国。

百里奚不甘心做一个奴隶，所以在前往秦国的途中，偷偷地逃到了楚国。楚国国君楚成王听说百里奚擅长养牛，就让百里奚为自己养牛。

穆公亡马

有一次，秦穆公不小心丢了自己心爱的骏马。他亲自出去找，发现马已经被人杀掉了，一些人正聚在一起吃马肉。穆公对他们说："这是我的马呀！"大家听了惊慌失措。秦穆公接着又说："我听说吃马肉不喝酒是要死人的。"于是不但没有惩罚他们，反而给他们酒喝。过了三年，晋国攻打秦国，秦穆公陷入重围。以前那些杀马吃肉的人说："是时候来报答穆公的恩德了。"于是他们奋力杀敌，使得穆公幸免于难。

这时，刚当上秦国国君的秦穆公广招天下贤士，听说百里奚是个人才，就想重金赎回百里奚。秦穆公的谋臣公子絷（zhí）说："楚成王一定不知道百里奚的才能，才让百里奚养牛。如果用重金赎他，就等于告诉别人百里奚是千载难遇的人才，这样就不好办了。"秦穆公问："那我怎样才能得到百里奚呢？"公子絷想了想，说："要不这

春秋、战国

样吧，我们贵物贱买，用一个奴隶的市价，也就是五张黑公羊皮来换百里奚。那样楚成王就一定不会怀疑了。"

百里奚被赎回秦国后，秦穆公亲自接见了百里奚。百里奚说："我是亡国之臣，哪里值得大王您垂询呀！"秦穆公说："虞君昏庸无能，才让你做了俘虏，这并不是你的过错。"秦穆公亲自解除了他的奴隶身份，并向他讨教国家大事。两人一谈就是三天，言无不合。秦穆公十分

高兴，要拜他做上大夫，把秦国的军政大权都交给他。可是百里奚坚决辞让不受，并极力推荐自己的好友蹇叔。最后，秦穆公派人用很隆重的礼仪把蹇叔请到了秦国，让他和百里奚一起做秦国的上大夫。他们帮秦穆公立法教民，兴利除害，秦国渐渐变得富强起来。

因为百里奚是秦穆公用五张黑公羊皮换回来的，所以人们都管百里奚叫"五羖（gǔ）大夫"。

公元前621年，秦穆公去世，安葬在雍地（今陕西省凤翔县东南）。为他殉葬的有一百七十七人，其中包括子车氏的三兄弟奄息、仲行、针虎。这兄弟三人十分善良、勇武，是难得的人才，因此国人悲痛万分。

知识链接

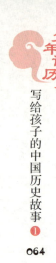

讲求"仁义"的宋襄公

讲"仁义"本来是件好事儿，可是宋襄公却落得个贻笑大方，说一说，他错在了哪里？

齐桓公死后，齐国发生内乱，齐国太子昭逃到宋国，向宋襄公求救。宋襄公通知各国诸侯，请他们出兵护送太子昭回到齐国继承王位。但是宋襄公的号召力不够，多数诸侯根本不搭理他，只有三个小国派了一点儿人马来应付了一下。

宋襄公率领四国军队进入齐国，齐国的一些大臣对太子昭比较同情，再加上不清楚宋军的实力，于是拥立太子昭即位，是为齐孝公。

> **宋襄公**
>
> 子姓，宋氏，名兹甫。春秋时宋国国君，春秋五霸之一。他一生讲求"仁义"，以至于在泓水之战中，对敌军讲仁义。后人将他的这种可笑行为，称为"宋襄之仁"。

因为这件事，宋襄公声名鹊起。于是他野心勃勃，想成为像齐桓公一样的霸主。

公元前639年，宋襄公效仿齐桓公会盟诸侯。会上，宋襄公以盟主自居，致使齐、楚两国的国君很不高兴。宋襄公没有经过这两个大国的同意，又自作主张，约定七月再次在宋国的盂地（今河南省睢县）开大会。公子目夷是宋襄公的哥哥，他觉得宋襄公这样做非常不妥，就劝他："我们宋国只是一个小国，实力不足，争当霸主是要惹来灾祸的。"宋襄公一心想当霸主，固执地撇撇嘴，没有理他。

到了七月，宋襄公因为先前自己提出参加大会的诸侯不能带兵马，所以没带什么随从就打算前往。这时公子目夷又劝他："为了防止发生变故，主公还是带一些兵马去吧。楚国人一向都不讲信用。"宋襄公坚定地说："那不行，不带兵马是我自己提出来的，我不能不守信用。"在大会上，楚成王和宋襄公都想当盟主。争论中，楚成王毫不客气，直接坐在盟主的宝座上。宋襄公见状气坏了，指着楚成王的鼻子大骂起来。这时，楚国的随从们立即脱掉外衣，亮出里面的铠甲，蜂拥而上把宋襄公逮住，押回了楚国。后来齐国和鲁国出面调解，楚成王也觉得抓了宋襄公没什么用，几个月后就把他放回去了。

宋襄公回去之后，怎么也咽不下这口恶气，但是由于楚国兵强马壮，他怕打不过。想来想去，他就把气撒在楚国的"忠实小弟"郑国身上，决定出兵去打郑国。

公元前638年，宋襄公率兵攻打郑国。郑国向楚国求救。宋、楚两军在泓（hóng）水（今河南省柘城县西北）相遇，楚军打算渡过河进攻宋军。公子目夷看到楚军渡河刚渡了一半，立刻建议宋襄公趁这个机会迎头痛击楚军。宋襄公摆着手说："这不行！我们是讲仁义的国家，不能乘人之危搞偷袭。"过了一会儿，楚军全部渡过河上了岸，乱哄哄地排开阵势打算攻过来。公子目夷又着急地说："趁楚军还没有摆好阵势，我们这时候赶快打过去，也可以取胜。"宋襄公听了，生气地说："你怎么净出歪主意！趁人家没摆好阵势去偷袭，这是讲仁义的人应该做的事吗？"又过了一会儿，楚军已经列好阵势，无边无际地冲杀过来。宋军根本不是对手，一下子就被打得丢盔弃甲，败下阵来。乱军之中，宋襄公被箭射中了大腿。幸亏将士们拼死保护，才保全性命。

　　回国的路上，宋国人议论纷纷，都埋怨宋襄公不该这样打仗。宋襄公揉着受伤的大腿，教训他们说："讲仁义的军队就是要以德服人，不能乘人之危而攻打别人。比方说，敌人已经受伤了，就不要再伤害他们；对待头发花白的敌人，就不能抓他们当俘虏……"

相关故事

让国之美

公元前652年，宋襄公的父亲宋桓公病重。按照当时的嫡长子继承制，应该由宋襄公继承王位。可是他在父亲面前恳求，要把太子之位让给庶兄目夷，还说："目夷年龄比我大，而且忠厚仁义，请立目夷为国君吧！"于是，宋桓公找来目夷说明情况，目夷听后说："弟弟能够把国家让给我，这不是最大的仁吗？我再仁义，也赶不上弟弟啊！况且废嫡立庶，也不合制度啊！"为了躲避弟弟的让贤，目夷逃到了卫国，宋襄公的王位最终还是没有让出去。

宋襄公受了重伤，过了一年就死了。临死前，他嘱咐太子："楚国是我们的仇人，你一定要给我报仇。我看重耳是个人才，肯定会有大作为，你将来如果遇到了困难，就去找他吧。"说完，宋襄公走完了他一味讲求"仁义"却又不知变通的一生。

晋国的公子重耳流亡到宋国，宋襄公帮助了他。当时宋国刚战败，国家贫穷，但是宋襄公仍然送给重耳八十匹马的大礼。

知识链接

落难公子重耳

重耳流亡诸国，每个国家的国君对待他的态度各不相同。
如果是你，你会如何对待重耳呢？

晋国的君主晋献公年老的时候，宠爱一个叫骊姬的妃子。骊姬想让献公立自己生的儿子奚齐为太子，就千方百计害死了太子申生。献公的另外两个儿子重耳和夷吾害怕后母陷害，只好逃到别的诸侯国避难去了。

公元前651年，晋献公病死了，重耳的弟弟奚齐和卓子先后做了国君，可是又都被朝臣杀掉了。秦穆公帮助在秦国避难的夷吾回国当了国君，就是晋惠公。晋惠公即位之后，害怕重耳回来跟他抢

夺王位，就派出杀手，去狄国刺杀重耳。重耳这时在狄国避难已经有十二年了，不得已再次亡命天涯。

骊姬

晋献公的宠妃。她本来是骊戎首领的女儿，被献给晋国成为献公的妃子。她为了让自己的儿子奚齐当上太子，使计离间了献公与申生、重耳、夷吾父子兄弟之间的感情，并设计害死了太子申生，让晋国陷入混乱之中，史称"骊姬之乱"。

重耳和随从们走得匆忙，没带什么盘缠就往东逃，一路颠簸，终于来到卫国。不料卫文公认为他只是一个落难公子，竟然懒得接待。于是他们只好继续流亡。走到五鹿（今河南省濮阳县南）的时候，他们饿得走不动了，正好看到一个农夫在田边吃饭，就向农夫讨点吃的。一个普通的农夫又能有多少食物可以的施舍给重耳等人呢？于是农夫从地上捡起一块泥巴，开玩笑说："拿去吧！"重耳发起火来，扬起鞭子要打农夫。这时一个叫狐偃（yǎn）的随从连忙拦住他，说："泥巴就是土地，他这是把土地送给咱们啊！这真是一个好兆头！"他们煞有其事地向农夫磕了个头，接过土块，装在车上走了。

重耳他们一路颠簸，来到齐国。当时齐桓公还活着，他看出重耳是个人才，就送给他很多财产，还把一个本家的姑娘嫁给他。重耳在齐国过上了好日子，一时便不再想回晋国去了。两年后，齐桓公死了，齐国发生了内乱。重耳的随从多次提醒他，让他再去别国寻找帮助。但是重耳却不愿再次流亡。重耳的妻子姜氏知道后，也一再劝他离开齐国，说："你在这里贪图享乐，是没什么出息的。"重耳固执地回答："人这辈子就要安享快乐，其他都不重要！我死也要死在齐国，哪儿也不去。"姜氏看到劝不动重耳，当天晚上就跟重耳的随从狐偃、赵衰等人合谋，把他灌醉，放在车里，送他出了齐国。等重耳醒来的时候，他已经离开齐国很远了。尽管他气得火冒三丈，却也无可奈何了。

离开齐国后，重耳到了曹国。曹共公傲慢无礼地对待

他；到宋国，宋襄公隆重地接待了他；到郑国，郑文公瞧不上他，让他赶紧走人。重耳只好又去了楚国。楚成王把他当作贵宾，用诸侯的礼节来招待他。重耳于是很感激楚成王。

有一天，楚成王宴请重耳，开玩笑说："哪天公子要是回到晋国，将怎样报答我呢？"重耳回答："珍奇宝贝大王有的是，我实在想不出拿什么来报答大王您啊。"楚成王笑着说："那么，你是不打算报答了吗？"重耳想了一下，认真地回答："要是托您的福，我能够回国，我愿意楚、晋两国和平共处。可是万一两国发生战争，两军相遇，我一定退避三舍（古代行军，三十里为一'舍'，'退避三舍'就是主动退让九十里）。"

楚成王听了并没有往心里去，旁边的楚国大将成得臣却非常生气。等宴会结束，重耳离开后，成得臣对楚成王说："大王这样厚待重耳，但是他说起话来却狂妄得很，可见他是个忘恩负义的人。不如趁早杀了他，免得他将来祸害楚国。"楚成王并不赞同成得臣的意见。

相关故事

寒食节

晋文公流亡时没有饭吃。有个叫介之推的侍从，从大腿上割了一块肉，煮成汤端给他喝。晋文公登基后，跟随他的人都得到了封赏，唯独忘了介之推，因此介之推带着老母亲躲进了绵山。有一天，晋文公突然想起了介之推，就亲自带着大臣去绵山寻找他，可是介之推说什么都不露面。晋文公想要把介之推逼出来，于是下令烧山。大火烧了三天三夜，介之推还是没有出来。等到大火熄灭后，晋文公率人上山寻找，却发现介之推和老母亲已经被烧死了。晋文公悲痛难忍，下令在介子推的忌日时百姓不得焚火煮饭，只吃冷食，遂为寒食节。

没过多久，秦穆公就派人把重耳接到秦国去了。原来，秦穆公曾经支持夷吾当上晋国国君。但夷吾当上国君后，反而跟秦穆公作对，于是两国互相仇恨、大打出手。夷吾死后，他的儿子公子圉（yǔ）即位，跟秦国关系也不好。所以秦穆公思来想去，决定帮助重耳回国。

公元前636年，秦国派军队护送重耳回国。在外流亡十九年的重耳，终于当上了晋国国君，被称为晋文公。

晋献公的太子申生是个很有才干的人。在驻守曲沃时，他将曲沃治理得井井有条。公元前661年，晋国吞并了耿国、霍国、魏国三个国家。在这场战争中，申生亲自率领下军，立下了赫赫战功。然而晋献公却听信了骊姬的谗言，要杀申生。面对父亲的误解，申生既不想造反，又不想逃亡，他最终选择了自缢身亡。

知识链接

退避三舍，称霸诸侯

 请大家想一想，晋文公退避三舍，真的是为了履行当年对楚成王的承诺吗？

晋文公即位后，重用有才能的狐偃、赵衰等人，勤勤恳恳，改革朝政，发展生产，只用了两三年时间，就让晋国变得强盛起来。可是他并不满足于现状，也想像齐桓公那样成为诸侯中的霸主。

过了几年，机会终于来了。楚国大将成得臣率领楚、郑、陈、蔡、许五国兵马攻打宋国。宋襄公的儿子宋成公派使者来晋国讨救兵。晋文公想报答宋襄公的恩情，但是又有些害怕强大的楚国，一时之间犹豫不决。

大臣们都建议说：

赵衰

春秋时期的晋国大夫。是赵国君主的祖先，也是辅佐晋文公称霸的五贤士之一。

"主公要想成就霸业，就必须打败楚国，现在是出手的时候啦。"晋文公于是不再犹豫，马上扩充军队，于公元前632年亲自率领大军，浩浩荡荡地出发救宋。不过，他并不直接向楚国宣战，而是先去攻打楚国的两个友邦曹国和卫国，俘虏了这两个国家的国君。

楚成王看到晋军兵强马壮、纪律严明，便不想和晋文公交战，命令成得臣撤军。但是成得臣认为马上就要拿下宋国了，他不肯退兵，梗着脖子跟楚成王叫板。楚成王非常不高兴，带着一部分军队回国去了。

嚣张的成得臣才不管这些，他立刻派人通知晋文公，让晋文公无条件释放曹、卫两国国君。你肯定想不到，晋文公会怎样处理这件事：

他事先暗中对曹、卫两国国君说："假如你们宣布跟楚国绝交，我保证把你们放了。"曹、卫两国国君于是照着晋文公的意思，均对外大声宣布跟楚国绝交。

成得臣本来想救这两个国君，没想到他们却宣布和

楚国绝交，他听到消息后气得大发雷霆，命令楚军全部出动，和晋军决一死战。

看到楚军杀过来，晋文公立即命令军队往后撤。晋军中有些将士感到很疑惑，问晋文公为什么撤军。晋文公回答："当年我在外逃难，楚王盛情地款待了我。我许下承诺，有朝一日两国开战，我情愿退避三舍。今天后撤，就是为了兑现这个诺言啊！"

相关故事

晋文公勤王周室

晋文公在位期间，周王室发生了内乱。周襄王有个弟弟叫作太叔带，向狄国借兵，攻入都城，夺取了王位。周襄王逃到郑国，向诸侯们发出告急文书，请求大家支援。晋文公收到文书，立即发兵，火速讨伐狄人和太叔带。晋文公率兵一路往东，很快打败了狄人，杀死叛乱的太叔带，护送周天子回到京城。经此一战，晋文公声名大振。

晋军后撤九十里，到城濮（pú）（今山东省鄄城县西南）这个地方，才停下来，布好了阵势。成得臣带兵追到了城濮，派人给晋文公下战书。晋文公也派人回应："楚王的恩惠，我们从来没有忘记，所以退让到了这里。既然你们坚持要打，那么我们在战场上一决高下吧！"

大战开始没多久，晋军就假装败退逃走。他们让战车拖着砍下来的树枝，后退的时候扬起高高的尘土，装出一副狼狈逃窜的样子。

成得臣一向狂妄，看到晋军后退，立刻指挥楚军追杀过去。哪料到，追了没多远，有一大群晋军的伏兵冲出来，把楚军拦腰截成了两段。先前假装败退的晋军又回过头来，对楚军前后夹击，把楚军打得惨败。

楚庄王正醉醺醺地欣赏歌舞。

楚庄王问："你来这里做什么？是想喝酒呢，还是看歌舞表演？"

伍举回答："有人给我出了一个谜语，但是我猜不出来，所以前来向大王您请教。"

楚庄王一听，觉得挺有意思，笑着说："你说出来听听吧。"

伍举说："有一只大鸟，停在楚国的朝堂上，整整三年，不飞也不叫，这究竟是什么鸟呢？"

楚庄王明白了伍举的意思，回答："这不是普通的

鸟。这只鸟啊，三年不飞，一飞冲天；三年不鸣，一鸣惊人。你下去吧，我明白你的意思。"

过了几个月，又连续有几个大臣来劝谏，楚庄王觉得是时候了。他开始认真处理朝政，把以前奉承他、陪他玩乐的人杀掉了好几百个，把敢于劝谏他的大臣提拔上来，帮他处理国家大事。

楚国很快就强盛起来，楚庄王决定和晋国争一争霸主的位子，顺便报一下当年城濮之战的大仇。

公元前597年，楚庄王率领大军攻打郑国，晋国派兵救郑。在邲（bì）（今河南省郑州市东）和楚国进行了一次大战。晋国从来没有打过这么惨的败仗，人马死了一半，另一半人马逃到黄河边，由于船少人多，兵士争着渡河，许多人都被挤到河里淹死了。有人劝楚庄王追上去，把晋军赶尽杀绝。楚庄王说："楚国自从城濮失败以来，一直抬不起头。这回打了这么大的胜仗，总算洗刷了以前的耻辱，何必还要杀那么多人呢？"说着，立即下令收兵。

邲之战后，晋国受到了前所未有的打击，迅速衰败了下来，这个一鸣惊人的楚庄王就成了春秋时期的最后一位霸主。

楚庄王绝缨

楚庄王有一次请群臣喝酒，大家正喝得高兴时，灯突然灭了，有个大臣趁机拉了拉楚庄王宠妃的衣服。宠妃便扯下这个人的帽缨，把事情告诉了楚庄王。楚庄王听了，命令群臣说："今天与我喝酒的，不扯断帽缨的话不算尽兴。"于是大臣们都把帽缨扯掉，然后点灯，接着喝酒，最后尽欢而散。

三年后，晋国与楚国交战，有一位大臣奋勇争先，五场战斗都冲杀在最前面。楚庄王感到非常奇怪，这位大臣说："我罪该万死，上次宴会上帽缨断了的人就是我，大王您隐忍不治我的罪，我因此一定要为您肝脑涂地。"

有一次，楚庄王率兵一直打到洛邑附近。这样一来，可把周天子给吓坏了，赶紧派了一个叫作王孙满的大臣，前去慰劳楚军。楚庄王向王孙满询问九鼎的大小轻重。九鼎相传是大禹命人铸造的，代表九州，是国家权力的象征。看到楚庄王咄咄逼人的样子，王孙满绕开了楚王的话锋，转而谈论九鼎的历史，最后说："周王室虽然已经衰弱，但是天命难以改变，九鼎的轻重大小，还是不能轻易过问啊。"楚庄王听完公孙满的话，觉得很有道理，便悻悻地离开了。

知识链接

孔子授徒兴学

孔子是我国历史上著名的思想家、教育家。请问你们读过孔子的著作吗，喜欢他的学说吗？

春秋时期群雄并起，战乱不断。当各国国君都热衷于用武力解决纷争的时候，出现了这样一个人，他反其道而行之，劝大家克己守礼，施行仁政，这个人就是孔子。

孔子名丘，字仲尼，春秋时期鲁国人，孔子是后世对他的尊称。孔子年轻的时候，是一个极具政治抱负的热血青年，他周游列国，四处宣传自己的政治理想，可是却处处碰壁，没有一个国家愿意任用他。

颜回

字子渊。春秋时期鲁国人，孔子最得意的弟子，被后人列为孔门七十二贤之首。

在外颠沛流离了十几年，孔子年纪越来越大，就渐渐放弃了从政的念头，心灰意冷地回到了鲁国，办起了私塾。许多人想来孔子的私塾读书，却不知道孔子愿不愿意收他们做弟子，于是就有人问孔子："什么样的人才值得您去培养呢？"孔子说："有教无类。不论贵族还是平民，只要有心向学，都可以进入我的私塾受教。"

孔子绝粮

孔子在陈国的时候，楚昭王邀请他到楚国去，孔子欣然前往。可是陈、蔡两国的大夫却紧张了起来，他们说："孔子是个贤人，他长久滞留在陈、蔡之间，我们的所作所为都违反了他的心意。如今楚国是个大国，派人前来聘请孔子，倘若孔子在楚国得到重用，我们这些在陈国、蔡国主事的大夫就危险了。"因此他们毅然发兵围堵孔子。孔子在蔡国的幽谷被他们追上围困长达七日，断绝了粮食。随行的弟子疲惫不堪，饿得站不起来。但孔子仍讲习诵读，传授诗书礼乐毫不间断。

正如孔子所说的一样，他的弟子有的来自贵族阶层，如司马牛、孟懿（yì）子；有的来自平民家庭，如颜回、曾参、子路等。

春秋、战国

087

时间一长，孔子办学的名气越来越大，招收的学生也越来越多。那么孔子是怎么教育他们的呢？

　　有一次，孔子讲完课，回到自己的书房，学生公西华给他端上一杯水。这时，子路匆匆走进来，大声向老师讨教："先生，如果我听到一种正确的主张，可以立刻去做吗？"孔子看了子路一眼，慢条斯理地说："总要问一下父亲和兄长吧，怎么能听到就去做呢？"子路刚出去，另一个学生冉有悄悄走到孔子面前，恭敬地问："先生，我要是听到正确的主张，应该立刻去做吗？"孔子马上回答："对，应该马上去做。"冉有走后，公西华不解地问："先生，同样的问题，您的回答为什么截然相反

呢？"孔子笑了笑说："冉有性格谦逊，办事犹豫不决，所以我鼓励他临事果断。但子路逞强好胜，办事不周全，所以我就劝他遇事多听取别人意见，三思而行。"这种教育方式，用孔子的话来说就是"因材施教"。

据说，孔子先后共收了三千多个弟子，教出了七十二个得意门生。孔子虽然一生未能实现政治抱负，可是他办学无疑是成功的，因此成了历史上最为人称道的大教育家。

孔子晚年在兴办私塾的同时，还著书立说，系统地整理了《周易》《诗经》等典籍。他还采用编年体的形式，整理编纂了《春秋》一书。他和弟子的言行也被后人整理成了《论语》一书，在后世广为流传。

知识链接

勾践卧薪尝胆

 作为越王勾践最得力的两个助手，文种和范蠡有什么不同之处？你们更喜欢谁？

春秋末年，长江中下游流域出现了两个较大的国家，吴国和越国。因为两国都想成就霸业，互不相让，渐渐到了水火不容的地步。

公元前496年，越国国王勾践即位。与此同时，吴王阖（hé）闾（lú）打败了楚国，成了南方霸主。吴王趁着越国新主即位，于是发兵攻打越国。两国在槜（zuì）李（今浙江省嘉兴市西南）一带，展开了一场大战。吴王阖闾胜券在

伍子胥

名员，春秋末期吴国大夫、军事家，辅佐吴王阖闾成为诸侯一霸。吴王夫差即位后，听信太宰伯嚭（pǐ）谗言，派人送去一把叫"属镂"的宝剑，逼迫伍子胥自杀。

握，却出乎意料地打了个败仗，自己又中箭受了重伤，再加上上了年纪，回到吴国没几天，就咽了气。

阿闾死后，儿子夫差即位。阿闾临死时叮嘱夫差，千万不要忘记给自己报仇。夫差为了记住这个嘱咐，每次经过宫门，都让手下的人扯开嗓门喊："夫差！你忘了越王杀你父亲的仇了吗？"这时，夫差就会流着眼泪说："不，不敢忘。"接着，他命令伍子胥和另一个大臣伯嚭操练兵马，准备攻打越国。

两年后，吴王夫差亲自率领大军攻打越国。越国有两个很能干的大夫，一个叫文种，一个叫范蠡（lí）。范蠡对勾践说："吴王这回决心报仇，来势汹汹。咱们不如守住城门，不要跟他正面交锋。"

勾践不同意，一定要去跟吴国人拼个高下。两国的军队在太湖一带大战一场，越军大败。越王勾践带着残兵败将逃回会稽（今浙江省绍兴市），可是会稽城又被吴军团团围住。勾践没有办法，只好向夫差求和。吴王夫差不顾伍子胥的反对，答应了越国的请求，但是要勾践亲自到吴国去。

千金报恩

相传伍子胥在逃离楚国途中，有一次他饥困交加，看到一位浣纱姑娘的竹筐里有吃的，于是上前求乞。姑娘看他可怜，就把食物全都送给了他。伍子胥吃完后，害怕行踪暴露，就要求对方为他保守秘密。没有想到这位姑娘听完后，居然立刻抱起一块大石头，投水死了。伍子胥后悔极了，他发誓报仇后，要用千金来报答这位姑娘的高尚品德。后来伍子胥报了大仇，想要报恩，却又苦于不知道姑娘到底家住何处，只好把千金投入她当时跳水的地方。这就是"千金小姐"的由来。

勾践把国家大事托付给文种，自己带着夫人和范蠡来到吴国。夫差让他们夫妇俩住在阖闾坟墓旁边一间石屋里，叫勾践给他喂马，范蠡跟着做奴仆的工作。夫差每次坐车出去时，勾践就给他牵马。这样过了三年。有一天，夫差生了病，勾践请求探视，他当着夫差的面，将夫差的大便放进嘴里品尝，以此辨别病情。夫差认为勾践真心归顺了他，病好后就放勾践回国了。

勾践回到越国后，立志报仇雪耻。他唯恐被眼前的安逸生活消磨了志气，于是晚上睡在干草堆上，在吃饭的地方挂上一个苦胆，每逢吃饭的时候，就先尝一尝苦味，问自己："勾践，你忘记会稽的耻辱了吗？"这就是后人传诵的"卧薪尝胆"。就这样，越国在勾践和文种的治理下，国力一天天强盛起来。

　　大夫文种一边帮助越国增强国力，一边又设法削弱吴国的力量。他让越王勾践下令在全国选出了美女西施，送给了吴王夫差。夫差从此天天和西施在姑苏台饮酒作乐，

渐渐将国家大事抛到了脑后。

公元前473年，勾践觉得时机成熟了，便率领大军伐吴。吴国军队大败，吴王夫差拔剑自刎。越国吞并了吴国，从此也变成了一个强大的国家。

勾践灭吴后，范蠡对文种说："'飞鸟尽，良弓藏；狡兔死，走狗烹。'以越王的为人，我们可以与他共患难却不能同享乐。现在我们还是趁早离开吧！"文种不以为然，范蠡自己便偷偷离开越国隐居了起来。没过多久，勾践害怕文种在国内的威信超过自己，就派人送给他一把宝剑，逼他自杀。据说这把宝剑正是当初吴王夫差逼伍子胥自杀的"属镂"。

知识链接

商鞅立木变法

商鞅变法虽然让秦国变得富强起来，可是历史学家对商鞅的评价却褒贬不一。说一说，你觉得商鞅是个什么样的人？

从公元前475年起，我国进入了战国时代。这个时期群雄逐鹿，战乱不休，涌现出了齐、楚、魏、赵、韩、燕、秦七个有实力的大国，史称"战国七雄"。其中秦国位于西北边陲，相对比较落后。公元前361年，秦孝公即位。他发布了这样一个告示：天下的有志之士无论出身与国籍，只要能让秦国变得富强起来的，秦国都会重用他。

秦孝公的这一号

秦孝公

战国时秦国国君，谥号为孝。秦孝公重用商鞅进行变法，奖励耕战，并迁都咸阳。他在位期间国力日渐强盛，为秦统一六国奠定了基础。

春秋、战国

令，果然吸引了不少有才干的人。卫国有个名叫卫鞅（yāng）的贵族，前来投奔。秦孝公觉得卫鞅是个人才，决定起用他变法，于是封他做了左庶长。

公元前359年，卫鞅起草了改革法令拿给秦孝公看，孝公看后连连称道。卫鞅害怕老百姓不信任自己，就先叫人在都城的南门竖了一根三丈高的木头，下命令说："谁

能把这根木头扛到北门去，就赏十两金子。"不一会儿，南门口就聚集起了一大群人，大家议论纷纷。有的说："这根木头谁都拿得动，哪儿用得着十两赏金？"有的说："左庶长大概是在开玩笑吧！"大伙儿你瞧我，我瞧你，就是没有一个人上去扛木头。

作法自毙

秦孝公去世后，太子即位，史称惠文王。秦国贵族们便纷纷制造流言蜚语，有人甚至诬陷商鞅谋反，惠文王得到消息后立刻派人捉拿商鞅。商鞅得到消息，打算逃离秦境，逃到函谷关的时候，天已经黑了，他只好到一家旅店投宿。店主说："是客人，我们当然欢迎，不过请问您是谁，弄不清身份，我会被杀头的。这是商君的法令，违背不得呀！"商鞅当然不敢承认自己的身份，只好走出旅店，仰天长叹说："真想不到制定法律的弊病，竟到了这样的地步，我这是作法自毙呀！"

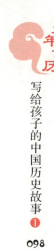

卫鞅知道老百姓还不信任他，就把赏金提到五十两。没想到看热闹的人很多，可仍旧没人敢去扛。又过了一阵子，人群中有一人跑出来，说："我来试试。"他说完，扛起木头搬到了北门。卫鞅立刻派人赏给他五十两黄澄澄的金子，一分也没少。这件事不久就传遍了秦国上下，秦国的老百姓都说："左庶长真是一个讲信用的人啊！"

卫鞅明白时机已到，就把他起草的新法令公布了出去。新法令规定：贵族没有军功的就没有爵位；多生产粮食和布帛的，可以免除官差；凡是为了做买卖和因为懒惰而贫穷的，连同妻子、儿女都罚做官府的奴婢等。

公元前350年，卫鞅又实行了第二次改革，要求废井田，开阡陌。并且把国都从原来的雍地迁移到渭河北面的咸阳。

卫鞅变法后不久，秦国变富强起来。秦孝公为了嘉奖他，就把商于（今陕西省商州区东南）一带十五个城封赏给了他，称他为商君。因此后人都管他叫商鞅。

秦孝公死后，商鞅失去了强有力的支持者，最后被贵族诬陷，落了个车裂的下场。

商鞅初见秦孝公时，分别用帝道、王道和霸道来游说他，可是孝公却不为所动。商鞅最后一次谒见秦孝公，对他畅谈富国强兵之策，孝公听得十分入迷，两个人连续谈论了好多天，居然一点都不觉得累。

知识链接

孙膑智斗庞涓

 读了孙膑和庞涓的故事，你有什么感触呢？说一说，这个故事告诉我们一个什么样的道理？

　　孙膑（bìn）和庞涓（juān）都是鬼谷子先生的得意门生，二人同门学艺的时候，感情非常好，于是结拜成了兄弟。孙膑为人忠厚，才学也远在庞涓之上。

　　学成之后，庞涓来到了魏国，魏惠王很赏识他，拜他做了魏国的大将。后来，魏惠王听说孙膑很有才干，也想请孙膑来魏国做官。庞涓为了迎合魏王，便派人把孙膑请来，跟他一起在魏国共事。庞涓为人心胸狭窄，骄傲自大，一想到孙膑比他更有本领，就如芒在背，

孙膑

　　齐国人，孙武的后代，是战国时杰出的军事家。因受过膑刑（即挖掉膝盖骨），因此被称为孙膑。著有《孙膑兵法》一书。

寝食难安。

　　为了拔掉眼中钉、肉中刺，庞涓绞尽脑汁陷害孙膑。后来他诬陷孙膑私通齐国。魏王信以为真，让人挖掉了孙膑的膝盖骨，孙膑只好装疯卖傻，才保全了性命。有一天，齐国使臣出使魏国，听说了孙膑的遭遇，十分同情他，就悄悄地把他带回齐国，从此改变了孙膑的厄运。

　　齐王知道孙膑是个人才，要拜他做大将。孙膑说："我受了小人的陷害，身体残缺，当大将会被敌人笑话的。还是请田忌做大将才合适啊！"于是齐王命田忌为将，孙膑暗中协助田忌，为他出谋划策。

　　公元前354年，魏国派庞涓率兵围攻赵国的都城邯郸，赵国向齐国求救。齐王派田忌为将，以孙膑为军师，出兵援救赵国。

　　田忌想要率军直奔邯郸，孙膑却说："现在邯郸已经被魏国的兵马围了个水泄不通，就算我们赶过去也没有用。现在魏国的精锐部队肯定都在外面打仗。我们不如率领军队直接攻打魏国首都大梁（今河南省开封市西北），那么魏国肯定会撤军自救，这样我们就可以以逸待劳了。"田忌听从了他的建议，魏国果然撤军邯郸，回去救大梁。齐军在庞涓回师必经之地桂陵伏兵截击，将魏军打得丢盔弃甲。庞涓这才知道上了孙膑的当，他虽然逃出了重围，可是却损失了两万多兵马。桂陵一战，孙膑名扬天下。庞涓对他恨得咬牙切齿，可是一点办法都没有。

相关故事

田忌赛马

齐国的大将田忌很喜欢赛马，有一回，他和齐威王约定要进行一场比赛。他们把各自的马分成上、中、下三等。比赛的时候，上马对上马，中马对中马，下马对下马。由于齐威王每个等级的马都比田忌的马强一些，所以比赛了几次，田忌都失败了。孙膑看到了，对田忌说："您只管下大赌注，我能让您取胜。"田忌相信并答应了他。孙膑说："现在用您的下马对付他们的上马，拿您的上马对付他们的中马，拿您的中马对付他们的下马。"比了三场，田忌一败两胜，最终赢取了齐王的千金赌注。

公元前341年，魏惠王派庞涓攻打韩国，韩国急忙向齐国求救。齐威王让田忌和孙膑率领五万人马去救韩国。孙膑和上次一样，直接去攻打魏国。

　　庞涓得到消息后，暴跳如雷，大骂孙膑狡猾，发誓与齐军决一死战。于是气冲冲地带兵赶回魏国，发现齐军早就撤退了。庞涓决心和孙膑拼个你死我活，于是下令追击。追击前，他派人去数齐军营垒中的灶迹，一听竟有十万之多，吃惊地说："齐军人多，我们不可轻敌！"等

追了一天后，再数齐军留下的灶迹，只剩五万了。第三天，齐军只有三万个灶了。于是他亲自率领二万轻骑，日夜兼程追击齐军。

庞涓赶到马陵道时，天已经黑了，一棵大树挡住了去路，隐约看到树身上好像有字迹。庞涓命人点亮火把，亲自上前辨认树上的字。看到上面写的是："庞涓死此树下！"他立刻大惊失色，说："我又中孙膑的计了！"话刚说完，万弩齐发，箭如骤雨，庞涓浑身上下被射得像刺猬一样，"扑通"一声栽倒在地，一命呜呼了！

经过桂陵、马陵两次大战，魏国迅速衰败了下来，渐渐失去了称雄七国的实力。

《孙子兵法》是军事家孙武的著作，是我国现存最早的兵书，也是世界上最早的军事著作，被誉为"兵学圣典"。共十三篇，处处表现了道家与兵家的哲学。

知识链接

苏秦合纵抗强秦

苏秦游说秦王失败后，发奋读书，终于获得了成功。你赞同他的这种做法吗？换了你会怎样做？

战国后期，秦国经过商鞅变法，逐渐称霸七雄。它仗着强盛，不断发兵进攻邻国，占领了不少地方。其他六国都很害怕，想方设法去对付它。当时有一个人，叫苏秦，他提出"合纵"抗秦，意思是六国联合起来共同抗秦。因为六国位置是纵贯南北，南北为"纵"，所以称为"合纵"。

其实苏秦最早曾去秦国游说秦惠文王，劝他用"连横"的办法，把六国一个一个地消灭掉。没想到等了一年

苏秦

字季子，洛阳人，战国时期著名的纵横家、外交家和谋略家。提出合纵六国以抗秦的战略思想，兼佩六国相印，使得秦国十五年不敢出函谷关。

多，钱也花光了，衣服也穿破了，可是秦惠文王最终还是没有采纳他的主张，只好灰头土脸地回了家。

家人看到他趿（tā）拉着草鞋，挑副破担子，一副狼狈的模样，都非常恼火。父母狠狠地骂了他一顿；妻子坐在织机上织布，连看也没看他一眼；他请求嫂子给他做饭吃，嫂子不理他扭身走开了。苏秦受了很大的刺激，决心争一口气。

从此以后，他发愤读书，天天到深夜。有时候读书读到半夜，又累又困，他就用锥子扎自己的大腿，虽然很疼，但精神却来了，他就接着读下去。这样用了一年多的工夫，他的知识比以前丰富多了。

食不甘味

有一年，秦惠文王派使者去见楚威王，并要挟说："如果楚国不服从秦国，秦国就要出兵伐楚。"楚威王听了大发雷霆，下令把秦国使者驱逐出境。可是秦国要是真的发兵，该怎么办呢？楚威王正为这件事情头疼时，苏秦前来拜见，劝楚威王与赵、魏等国联合起来抗秦。楚威王一听，十分高兴，说："非常感谢你的妙计，我正为这件事'卧不安席，食不甘味'呢，现在就按你的计策去做吧！"

公元前334年，苏秦游说燕王，劝他用"合纵"的方法，联合其他五国来抵抗秦国，燕王采纳了他的主张。第二年，六国诸侯订立了合纵的联盟，苏秦挂了六国的相印，成了声名显赫的人物。有一次，苏秦去赵国途经洛阳

春秋、战国

时，消息传到了苏秦的家乡，他的父母、兄嫂特地赶到洛阳城外三十里的地方，把路扫得干干净净，准备了丰盛的酒食，跪着迎接他。苏秦感慨万千，说："同样的一个人，富贵了，人人敬畏；贫贱时，最亲近的人都瞧不起你。假如我当初在洛阳有百亩良田，现在又怎能佩带六国相印呢！"于是把随身携带的钱财，全都赏赐给了在场的亲戚和朋友。

苏秦合纵六国后，把合纵盟约送交秦国，从此秦国不敢窥视函谷关以外的国家，长达十五年。公元前284年，苏秦因为受人怨恨，被刺客刺杀，至此"合纵"宣告彻底破产了。

苏秦和他的弟弟苏代、苏厉是战国时期著名的纵横家、外交家和谋略家，后世也称他们为"三苏"。他们的事迹，在《史记》和《战国策》等一些史书中都有记载。

知识链接

张仪连横破合纵

 说一说，张仪是个什么样的人？为了拆散齐楚联盟，他都用了什么手段？这种手段值得我们学习吗？

　　战国后期，以苏秦为代表的一些政客帮六国出主意，主张合纵六国，联合抗秦。相反，还有一些政客专门帮秦国到各国游说，要他们亲近秦国，去攻击别的国家，这种政策叫作"连横"。在这些政客中，最出名的就是张仪。

　　张仪是魏国人，在魏国穷困潦倒，实在生活不下去了，就跑到楚国去游说。可是楚怀王对他的学说不感兴趣，不愿意见他。楚国的令尹（相当于宰相）便把他留在家里做门客。有一次，

张仪

　　魏国安邑(今山西省万荣县)人，魏国贵族后裔，战国时期著名的纵横家、外交家和谋略家。

春秋、战国

令尹家丢了一块名贵的玉璧。大家看张仪穷，品行又不那么好，就怀疑是张仪偷的，于是把张仪抓起来打了个半死。张仪垂头丧气地回到家，妻子看他遍体鳞伤，流着眼泪说："你要是不读那些书，不出去游说，哪会受这样的委屈！"张仪张开嘴，问妻子："我的舌头还在吗？"妻子苦笑着说："你被打糊涂了？人家打的是你的身体，舌头当然还在呢。"张仪说："只要舌头在，就不愁没有出路。"

后来，张仪到了秦国，凭他的三寸不烂之舌，果然得到了秦惠文王的信任，当上了秦国的国相。这时候，六国正结成了合纵联盟。在六国中，齐、楚两国是大国，张仪认为要实行"连横"，必须先把齐国和楚国的联盟拆散。他向秦惠文王献了个计，就被派去出使楚国。

张仪到了楚国，楚怀王这次认真地接待了他。张仪说："秦王特地派我来跟贵国交好。只要大王下决心和齐国断交，秦王不但跟贵国永远和好，还愿意把商于一带六百里土地献给贵国。"楚怀王是个爱贪便宜的糊涂虫，听张仪这么一说，连连答应。

张仪拆竹

张仪年轻时家道中落，经常替人家抄书，并以此为生。每当遇到没有见过的好句子，他就会偷偷地写在手上，待晚上回到家中，再把它们刻在竹简上，保存起来。后人经常用"折竹"或"张仪折竹"形容人勤奋，刻苦学习。

春秋、战国

楚国的大臣们听说有这样的便宜事儿，都向楚怀王庆贺。只有陈轸提出了反对意见。他对怀王说："秦国要把商于六百里地送给大王，还不是因为大王跟齐国订了盟约吗？楚国有了齐国做自己的盟国，秦国这才不敢来欺负咱们。要是大王跟齐国绝交，秦国不来欺负楚国才怪呢！秦国如果真的愿意把商于让给咱们，大王不妨打发人先去接收。等商于到手以后，再跟齐国绝交也不算晚。"

这时的楚怀王已经被张仪的花言巧语所迷惑，根本听不进陈轸的忠告，一面果断跟齐国绝交，一面派人跟着张仪到秦国去接收商于。齐宣王听说楚国同齐国绝交，马上打发使臣去见秦惠文王，约他一同进攻楚国。

楚国的使者急急忙忙赶到咸阳，想不到张仪却翻脸不认账，说："没有这回事，大概是你们大王听错了吧！秦国的土地哪儿能轻易送人呢？我说的是六里，不是六百里，而且是我自己的封地，不是秦国的土地。"消息传到了楚国，楚怀王气得直翻白眼，立刻发兵十万攻打秦国。秦惠文王毫不示弱，也发兵十万迎战，同时还约了齐国助战。楚国一败涂地，不但商于没到手，连汉中六百里土地也让秦国夺了去。楚怀王只好忍气吞声地向秦国求和，楚国从此元气大伤。

张仪用欺骗手段收服了楚国，后来又先后到齐国、赵国、燕国，说服各国诸侯"连横"与秦国交好。这样，六国"合纵"联盟终于被张仪拆散了。

纵横家是出现在战国和秦汉之际的策辩之士，是我国最早的政治外交家。相传他们的创始人是鬼谷子。纵横家们大都口才出众，头脑灵活，熟悉各国的政治背景。他们不会无缘无故地效忠于某个诸侯国，只会为了利益四处奔走游说。其中最具有代表性的人物就是苏秦和张仪。

知识链接

屈原愤投汨罗江

屈原虽然不是一个成功的政治家，却是一个伟大的诗人。
想一想，这是为什么呢？

楚国的大夫屈原屡次三番劝楚怀王联合齐国共同抗秦，可是楚怀王一句都听不进去。最后怀王被秦昭襄王骗到了秦国，扣押在咸阳，公元前296年客死在了秦国。

楚怀王死后，他的儿子即位，就是楚顷襄王。他不仅没有把家仇国恨放在心上，反而重用靳尚、公子子兰等人，一味向秦国迁就让步、割地求和。屈原看在眼里，急在心头，他不断劝说楚顷襄王远离小人，收罗

屈原

战国末期楚国丹阳人，楚武王的后代。他是我国最伟大的浪漫主义诗人之一，创立了"楚辞"这种文体。代表作品有《离骚》《九歌》等。

人才。靳尚、公子子兰因此把屈原看成了眼中钉，非拔去不可。他们勾结起来，经常在楚顷襄王面前说屈原的坏话。有一次，终于惹得楚顷襄王大发雷霆，把屈原革了职，放逐到湘南（今湖南省洞庭湖一带）去。

屈原被放逐后，愁绪满怀，他面容憔悴、披头散发地行走在汨（mì）罗江岸，一边走，一边唱着伤心的歌。一个上了年纪的打鱼人看到了，劝他："三闾大夫，您这是何必呢？楚国人哪一个不知道您是忠臣呐！您为什么不跟世人一样呢？"屈原说："大王受到了奸臣的蒙蔽，只有

我是清醒的啊！我伤心的不是自己的遭遇，只是看到楚国现在这个样子，我心里像刀割一样！只要能救楚国于危难之中，就是叫我死一万次我也愿意呀！可是如今，大王把我放逐到这荒郊野岭，国家大事我没法儿管，我的主张没处说，大声呼喊大王，大王也听不到。我难过得快要发疯了！"

时光转瞬即逝，十几年过去了，屈原虽然时刻心系楚国，可是楚王似乎早就将他遗忘了。再次回郢（yǐng）都（今湖北省荆州市西北），劝谏楚王，事实上已不太可能。于是有人劝他说："三闾大夫啊，看来大王不会再用您了，您又何必留在楚国受这份罪呢！"屈原说："就算是这样，我也不能抛弃家乡、抛弃父母之邦啊！狐狸死了，头还向着自己出生的土丘呢！我又怎么能离开楚国呢？我要上下寻找救国之路啊！"

公元前278年，秦国派大将白起攻打楚国，攻破了楚国的国都郢都。屈原听到这个消息，放声大哭。这时，他已经是六十二岁的老人了。他知道自己的楚国已经没有了希望，却立志要和楚国共存亡，于是在农历五月初五那一天，仰天长叹一声，投入了激流滚滚的汨罗江。

端午节

屈原投江殉国后，江上的渔夫和岸上的百姓们立刻划起船只，争先恐后地奋力打捞屈原的尸体。这个时候，有个渔夫拿出了准备好的饭团、鸡蛋等食物，全部丢进江里，说鱼虾吃饱了，就不会去咬屈大夫的身体了，人们看到后纷纷仿效。从此，逐渐演变出了划龙舟、吃粽子的习俗。之后每年五月初五屈原投江殉难日，楚国的百姓们都会到江上划龙舟、投粽子，以此来纪念这位伟大的爱国诗人。端午节的风俗就这样流传了下来。

　　屈原学识渊博，具有远大的理想，对内主张修明法度、任用贤才，对外主张联齐抗秦。可是却不断遭到楚国贵族的打击和排挤，使他一生为之奋斗呼号的政治理想得不到实现。所以他就用诗歌倾吐自己抑郁不得志的情绪。《离骚》就是极具代表性的作品之一。

知识链接

秦始皇一统六国

秦始皇统一了六国，可是历史上对他的评价向来褒贬不一。你是怎么评价他的呢？

公元前247年，秦庄襄王驾崩，年仅十三岁的太子嬴（yíng）政即位，他就是后来大名鼎鼎的秦始皇。

秦王嬴政初登王位的时候，秦国的国相叫吕不韦。吕不韦原本是个头脑精明的生意人。他在赵国做生意的时候，认为当时在赵国做质子的子楚（即秦庄襄王）奇货可居，于是便把大批的财富都花费到了子楚的身上。为了让子楚登上王位，吕不韦使了不少手段，最终如愿以偿。然而子楚只做了三年秦王，便一命呜呼了。继

秦始皇

嬴姓，名政，十三岁继承王位，三十九岁称帝，在位三十七年。他是首位完成华夏大统一的政治人物，被后世称为"千古一帝"。

春秋、战国

承者嬴政年幼，因此秦国的军政大权全由吕不韦一人把持。吕不韦当年的投资得到了巨额的回报，做成了自己人生中最大的一笔买卖。

公元前239年，秦王嬴政已经二十一岁了，可是还没有亲政。这个时候的吕不韦独揽大权，门下更是有三千门客，一时权倾朝野。嬴政暗自下决心要铲除他。这时有个叫嫪（lào）毐（ǎi）的人，深受太后宠爱，在太后的庇护下，建立了庞大的势力，是秦国仅次于吕不韦的一股强

大的政治力量。嫪毐小人得志，一天天跋扈起来。公元前238年，嫪毐叛乱，被嬴政借机铲除。第二年，嬴政罢免了吕不韦，将他流放到了巴蜀一带。成功的商人吕不韦转型成为政治家后，却遭遇了人生的滑铁卢，于是心灰意冷，喝下毒酒自杀了。

相关故事

焚书坑儒

公元前213年，秦始皇采纳李斯的建议，下令除了秦国的史书以及一些医药、占卜、法令、种植类的书籍，诸国的史书以及百姓收藏的《诗》《书》等诸子百家的作品都要交出来烧掉。这种措施引起许多读书人的不满。第二年，许多方士（修炼功法、炼丹的人）、儒生攻击秦始皇。秦始皇派人调查，将四百六十多名方士和儒生全部活埋掉。历史上称这些事情为"焚书坑儒"。

秦王嬴政亲政后的第一件事情，就是颁发逐客令，驱逐六国客卿。这时候，一个名叫李斯的人登上了政治舞台，他写了一篇著名的《谏逐客书》劝谏嬴政。这个李斯也是个人才，嬴政不仅接纳了他的建议，并且重用了他。他也成了日后秦王嬴政一统六国最得力的助手。

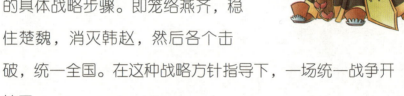

嬴政任命李斯为相，开始紧锣密鼓地部署统一六国的战争。李斯建议继承历代远交近攻政策，确定先弱后强、先近后远的具体战略步骤。即笼络燕齐，稳住楚魏，消灭韩赵，然后各个击破，统一全国。在这种战略方针指导下，一场统一战争开始了。

他们先将矛头指向了六国中实力最弱，地理位置却给统一六国造成最大障碍的韩国。公元前230年，韩国灭亡。秦国大军乘胜追击，又一举灭掉赵国……公元前221年，秦王嬴政命令大将王贲（bēn）挥戈南下，攻打东方六国中最后的幸存者——齐国。不久，齐王投降。至此，秦国走完了削平群雄、统一六国的最后一程。

嬴政做了我国历史上第一个皇帝。他梦想皇位永远由嬴姓一族继承下去，"传之无穷"，因此自称"始皇帝"。

秦统一六国后，价值连城的和氏璧落到了秦始皇的手中，他命令能工巧匠将和氏璧精研细磨，制成了一枚印玺，并让李斯刻上了"受命于天，既寿永昌"的八字篆书。后世称为"传国玉玺"，是封建王朝皇权正统的象征。

知识链接

少年读历史

竹马书坊 —— 编著

写给孩子的中国历史故事

②

天津出版传媒集团

天津人民出版社

先秦

秦始皇筑长城

万里长城是中华民族的骄傲，同时它也是数以万计的劳动人民用血肉之躯造就的。谈谈你对秦始皇筑长城的看法？

公元前221年，秦始皇统一了六国。这个时候秦国的版图和以前相比，扩大了数十倍。它的疆域面积，东起辽东，西至陇西，北抵长城，南达南海，大约有三百五十万平方公里。

然而，秦始皇似乎是个天生的统治者，面对如此庞大的帝国，他并没有手足无措，而是不慌不忙地把它分成了三十六个版块，每个版块为一个"郡"。每一个"郡"都由他亲自选派官员去治理。"郡"下面又设有"县"，后世将这种管理制度称作"郡县制"。"郡县制"是秦始

蒙恬

秦国著名的大将。相传他曾改良过毛笔，因此也被称为"笔祖"。

皇一个大胆又成功的尝试，这样一来，权力都牢牢地掌握在了皇帝的手中。

同时，秦始皇也是一个勤勉的皇帝。他稳固政权后，紧接着又马不停蹄地颁布了一系列的整改措施，进一步统一了文字、货币、度量衡，建立了我国第一个中央集权制的封建主义王朝——秦朝。

孟姜女哭长城

相传秦始皇在命人筑长城的时候，孟姜女的丈夫万杞梁被抓去充当劳工，去了好多年，一直不见回来。孟姜女只好离开家乡，千里迢迢地去寻找丈夫，历尽了千辛万苦终于来到了长城脚下。可是这个时候，万杞梁因为劳累过度，已经死了，尸骨被埋到了长城下面。孟姜女听到这个消息后，号啕大哭，一直哭了三天三夜。她的哭声感动了天地，最终哭塌了长城，城墙下露出了万杞梁的尸骨。

尽管如此，秦始皇并不是很满意，他的目光又投向了北方的游牧民族——匈奴。因为担心匈奴会大举进犯，公元前214年，秦始皇派将军蒙恬（tián）率领三十万

先秦

大军，向匈奴发起了一次大规模的进攻。这场战争前后大约持续了一年时间，最终以匈奴败逃而落下了帷幕。从此，匈奴单（chán）于（yú）头曼被迫带领部落向北迁徙长达十多年。

可是秦始皇还是不放心，他决定聚集人力和财力，人为制造出一道屏障，将匈奴永远地拒之门外。当时在秦、燕、赵三国北部和匈奴接壤的地方，人们为了抵御匈奴入侵，已经零星建造了一些长城。秦始皇命令蒙恬召集了一百多万劳力，将这些长城连接在一起，从而形成一个更加庞大的防御体系。

一百多万人相当于当时人口总数的二十分之一，由此可见，秦始皇为了修筑长城投入了巨大的民力。由于当时没有任何机械，全部劳动都靠人力完成，工作环境又是崇山峻岭、峭壁深壑（hè），十分艰难。人们历尽千辛万苦，用了整整九年时间，不仅将原来三国的长城连接在了一起，同时又建造出了许多新长城。至此，西起甘肃临洮（táo）（今甘肃省岷县）、东至辽东（今辽宁省辽阳市西北），长达万余里的浩瀚工程终于竣工了。

　　长城筑好后，在抵御匈奴入侵方面确实起到了一定的作用。然而修筑长城所付出的残酷代价，也让人们对秦始皇的统治产生了强烈的不满，百姓怨声载道。从此，秦始皇也被冠上了"暴君"的名号。

　　万里长城是在太空中唯一可以用肉眼看得到的地球上的建筑，千百年来被誉为中华民族的瑰宝。不过我们今天在北京八达岭一带看到的长城，并不是秦长城，而是明朝重新修筑的长城。

知识链接

先秦

陈胜、吴广起义

说一说，陈胜和吴广的起义受到了这么多人的拥护，可是为什么仅仅持续了六个月就失败了呢？

秦始皇死后，他的小儿子胡亥在赵高和李斯的协助下，逼死公子扶苏和将军蒙恬，夺取了王位。胡亥即位后并没有给百姓们喘息的机会，而是征集了更多的劳力去为他修建宫殿和陵墓。

公元前209年，阳城（今河南省登封市东南）的地方官派了两个军官，押送九百名壮丁去到渔阳（今北京市密云西南）防守。军官从这些人当中挑了两个精明能干的人当屯长。这两个人一个叫陈胜，一个叫吴广。

陈胜年轻的时候，

胡亥

即秦二世，秦始皇最小的儿子。在位期间赵高掌握了实权，实行残暴的统治，最后在赵高的逼迫下自杀身亡，年仅二十四岁。

因为家里穷，只好去给有钱人当长工。有一次，他在田埂（gěng）上休息时，对同伴说："如果我们当中有人将来富贵了，可一定不要忘记老朋友呀！"

和他一起受雇的伙伴觉得很好笑，说："你只不过是一个被人雇来耕田的长工，能富贵到哪里去呢？"

陈胜摇摇头，叹了口气说："唉！像燕子、麻雀这类目光短浅的鸟怎么会知道大雁、天鹅的远大志向呢！"

当时正值雨季，突然下起了大雨，道路不畅通，他们只好在一个叫大泽乡（今安徽省宿州市大泽乡镇）的地方驻扎了下来。没想到大雨一连下了好多天，耽搁了太多的时间，按规定的期限已经不可能到达渔阳了。秦朝的法律非常严酷，如果不能按规定的期限到达目的地，是要掉脑袋的。大伙儿急得像热锅上的蚂蚁，不知道怎么办才好。

陈胜偷偷找吴广商量，说："我们现在离渔阳还有好几千里，肯定赶不上期限了，看来大家要一起去白白送死了。"

吴广听了，说："为这个去死，太不值了，要不我们逃走吧！"

可是如果逃走被抓回来了，还是会被处死。于是陈胜愤愤地说："如今逃跑是死，造反也是死。同样都是死，还不如造反呢！老百姓忍受秦朝的暴政已经很久了，我听说二世皇帝是始皇帝的小儿子，当时选定的继承人其实是公子扶苏。扶苏并没有什么罪过，却被二世皇帝杀害了。老百姓都知道他很贤能，却不知道他现在已经死了。项燕是楚国的将军，战功赫赫，楚国人都很爱戴他。有的人以为他已经死了，有的人以为他躲起来了。我们现在用公子扶苏和将军项燕的名义，号召天下百姓起义，应该会有很多人响应的！"

吴广觉得陈胜的话很有道理，但是他们想要成大事，就必须先取得大伙儿的信任。他俩商量了一下，想出了一些办法。当时的人都非常迷信鬼神，他们就用朱砂在一块白绸子上写了"陈胜王"三个字，悄悄塞进鱼肚子里。有人买鱼回来煮着吃，发现了鱼肚中的帛书，非常惊讶。

吴广等夜深的时候，又偷偷跑到一座破庙里，点起篝火，学着狐狸的声音叫道："大楚兴，陈胜王（wàng）。大楚兴，陈胜王……"大伙儿听到这种叫声，都惴惴不安，十分惊恐。第二天早晨，大家议论纷纷，都指指点点地看着陈胜。

有一天，那两个军官喝醉了酒，陈胜和吴广觉得机会来了。吴广故意跑去激怒了其中的一个军官。那个军官拿起棍子责打吴广，还拔出剑想要杀掉他。陈胜眼疾手快，夺过剑，顺手将这个军官放倒了。吴广也赶上去，杀死了另一名军官。

　　这时，陈胜把大伙儿召集起来，说："男子汉大丈夫可不能白白送死，要死就要名扬后世，那些王侯将相难道天生就比我们高贵吗！"大家听了，深受鼓舞，揭竿而起。就这样，我国历史上的第一次农民起义爆发了，因为发生在大泽乡，也被称作"大泽乡起义"。

　　起义军很快就攻克了陈县（今河南省淮阳县），陈县的老百姓觉得陈胜为天下人征伐暴秦，功劳实在太大了，应该称王。于是，陈胜就自立为王，国号为"张楚"。

相关故事

沙丘政变

公元前210年，秦始皇在去东南一带巡视的途中生了重病。到了沙丘（今河北省广宗县西北），病情加重，于是他勉强支撑着给公子扶苏写了一封信，让扶苏赶紧回咸阳主持丧事。可是信还没有发出去，他就一命呜呼了。赵高乘机与胡亥、李斯密谋，擅自打开了密封的书信，将书信的内容改成让胡亥继承王位，赐扶苏和蒙恬自杀。历史上将这个事件叫作"沙丘政变"。

陈胜、吴广打着"楚国"的旗号起义。临近的农民听到消息纷纷响应，没有武器，他们就砍木棒做刀枪，削竹子做旗杆，队伍很快壮大起来，历史上把这叫作"揭竿而起"。

知识链接

项羽破釜沉舟

巨鹿之战中，楚国的军队为什么会取得最终的胜利？说一说，你觉得项羽是个什么样的人？

项羽是我国历史上著名的大英雄。他是下相人（今江苏省宿迁市西南），楚国名将项燕的孙子，自幼父母双亡，由他的叔叔项梁抚养成人。

项羽成年后，身材魁梧，仪表堂堂，力气大得能举起青铜鼎。项梁觉得他不是个普通人，就下决心培养他。项梁先是教他读书，可他学了没多久就不学了；项梁又教他学剑，可没多久他又不学了。项梁气得直翻白眼，可是项羽却不以为然，他说："读书识字只能记住自

项羽

楚国名将项燕的孙子，秦朝灭亡后，成了诸侯的统帅，人称西楚霸王。后来在与刘邦长达四年的楚汉战争中兵败乌江，自刎身亡。

先秦

己的姓名，学剑只能和一个人对敌，要学就学能抵挡上万人的本领。"项梁于是又教项羽学习兵法。项羽非常高兴，但是只学了个大概，又不愿意学了。

相关故事

作壁上观

在巨鹿之战中，项羽率领全军渡过漳河，破釜沉舟，和秦军决一死战。在这之前，已经有十几支援军集结在前线。各路援军看到秦军声势浩大，都固守营寨，不敢轻易出战。然而，项羽率领的楚军一到，便立即发动猛攻，杀得秦军溃不成军。各路援军在自己营垒上观看了这一壮观场面，却没有一个人出来帮助楚军。后来人们把这种行为称作"作壁上观"。

秦朝末年，陈胜、吴广揭竿而起后，六国旧贵族也纷纷起兵复国。当时的会稽太守名叫殷（yīn）通，也想趁机推翻秦朝，所以就请来项梁和项羽叔侄二人一起商量，打算起兵。项梁对殷通说："现在各地义军纷纷起义，正是消灭秦国的最好机会。先发动起义就能占据优势，其他人就会服从自己；后发动起义就会处于劣势，而被他人所制服。我们应该早点起义才对啊！"

殷通听了项梁的话，虽然觉得很有道理，可还是优柔寡断，下不了决心。项梁看到殷通性格怯懦，知道他难成大事，于是让项羽杀了他，并且收服了他的部下。紧接着，项梁又在吴中招募了八千子弟兵，正式打起了反秦的旗号，逐渐成了秦末起义队伍中力量最强的一支。这时，谋士范增向项梁建议，应该拥立楚国的宗室，才能得到更多百姓的拥护。项梁觉得很有道理，于是在民间找到了楚怀王的孙子熊心，拥立他做了楚王。

有一次，秦国将领章邯（hán）率领军队攻打赵国。赵国军队一路败逃，最后退守到了一个叫巨鹿（今河北省平乡县西南）的地方。楚王任命宋义为主将，项羽为副将，带兵前去援助赵国。

宋义本来就是一个贪生怕死的人，他一到安阳（今河南省安阳市西南）就被秦军强大的气势吓倒了，在安阳驻扎了四十六天，迟迟不敢出战。眼看赵国军队就要全军覆没，项羽心急如焚，他多次给宋义建议应该渡过漳（zhāng）河，和赵军来个里应外合，两面夹击一举拿下秦军。可是宋义却认为项羽的谋略不如他，完全不把

他的话放在心上。

这个时候，由于天气严寒，加上军粮不足，士兵们饥寒交迫，士气渐渐低迷起来。然而宋义却全然不顾将士们的死活，整天饮酒作乐。项羽实在看不下去了，于是冲进营帐杀了宋义，赢得了众将士的拥戴。

接着，项羽立刻带领兵马渡过漳河，前去支援赵国。渡河后，项羽命令士兵们把所有的渡船都凿沉，摔破军中所有的锅，烧毁军营，只携带三天的干粮。他对大家说："现在我们已经没有退路了，只能奋勇杀敌，我相信三天之内我们一定可以取得胜利！"

将士们士气大振，全军抱着向死而战的决心来到了巨鹿，一举包围了秦军。经过多次激战，最终大破秦军。战后，由于秦国将军章邯率领二十万大军投降了项羽，项羽的势力壮大起来。

因为这场大战发生在巨鹿，因此被称作"巨鹿之战"。此后项羽名声大震，回到楚国接见诸侯时，大家都吓得浑身颤抖，没有人敢直视他。从此，项羽便成了各路诸侯的统帅。

秦始皇去会稽游玩，驾着大船行驶在钱塘江上，场面十分浩大，引得两岸的百姓都争先恐后地去观看。当时，项梁和项羽也在人群中，项羽指着华盖之下的秦始皇说："我有一天一定会取代他的！"项梁吓得赶紧捂住项羽的嘴巴说："千万不敢胡说啊，会引来灭族之祸的！"不过心里更是对他另眼相看。

知识链接

刘邦"约法三章"

 刘邦为什么要"约法三章"呢？说一说，你认为刘邦是个什么样的人？

反秦义军中有一支队伍，他们的首领叫刘邦。公元前207年，刘邦率兵打进了武关（今陕西省商洛市武关河北），直逼关中（函谷关以西地区）。秦王子婴派了五万兵马驻守峣（yáo）关（今陕西省商县西北）。

刘邦手下一个叫张良的谋士，向他献计说："峣关地形险峻，易守难攻，只能智取。请派兵在峣关左右的山头插上战旗，作为疑兵，迷惑敌人；然后派主力部队从东南突袭进去，杀掉主将，这样就能大破峣关了。"刘邦用了张良的计策，杀入峣关，只取灞（bà）上（今陕西省

刘邦

沛丰邑中阳里（今江苏省徐州市丰县）人。汉朝开国皇帝，史称汉高祖。

先秦

141

西安市东南），秦王子婴只好带着大臣前来投降。

刘邦率领军队进了咸阳城。他的部下都没有见过什么大世面，一看到秦宫中到处都是珍奇玩好、金银财宝，不禁眼花缭乱起来，于是肆无忌惮地你争我夺，闹得不可开交。一时间，咸阳城中混乱不堪。就连刘邦自己，看到秦宫里装饰得富丽堂皇，宫中美女如云，也天天在这里饮酒作乐，把军国大事统统抛到了脑后。

刘邦的部将樊哙（kuài）实在看不下去了，于是闯进后宫，怒气冲冲地说："沛（pèi）公（刘邦在沛地起兵，因此被称为沛公），您是想要天下呢，还是只想做一个富人？秦朝正是被这些穷奢极欲的东西毁灭的，您还要这些做什么呢？还是快点回到灞上吧！"可是刘邦那个时候正陶醉在胜利之中，根本听不进樊哙的话。

张良听说了这件事儿，也进宫劝说刘邦："我听说良药苦口，但能让病很快就痊愈；忠诚的话听起来会让人觉得不舒服，但有利于改正缺点。请您听从樊将军的忠告吧！"刘邦这才醒悟过来，回到了灞上的军营中。

回到灞上后，刘邦召集了关中各县的父老，对他们说："知道你们忍受秦朝的暴政已经很久了，从今天起，秦朝的法令全部废除。我跟大家订立三条法令：第一，杀人的偿命；第二，打伤人的治罪；第三，偷盗的治罪。"

这就是著名的"约法三章"。

　　老百姓听了，都非常高兴，他们兴高采烈地拿着酒肉和粮食来慰劳刘邦的将士。刘邦耐心地劝大伙把这些东西拿回去，并说："粮仓里有的是粮食，父老乡亲们就不要再操心了。"

　　这样一来，关中的百姓终于消除了对刘邦的怀疑和戒备，都希望刘邦能够留在关中做王。

相关故事

刘邦斩白蛇

刘邦做亭长的时候，押送一批农民去骊山修皇陵。途中大部分人都逃走了，因此走到芒砀（dàng）山的时候，刘邦干脆把大家都放了。可是一部分人却愿意留下来，跟随刘邦一起逃亡。一天，他们被一条大白蛇挡住去路。刘邦拔出宝剑把蛇砍成了两段。后来，有人看到一个老太太在路边哭着说："我儿子是白帝的儿子，变成蛇横在路上，却被赤帝的儿子杀了。"大家听了这件事之后，更加敬畏刘邦了。

刘邦年轻的时候，特别喜欢在一家酒店喝酒。可是身上又没有酒钱，怎么办呢？只能打欠条。一年过去了，那家酒店的老板发现，只要刘邦一来喝酒，那天来喝酒的人就特别多。一年算下来，还赚了不少钱呢！于是，酒店的老板一高兴，就把刘邦的欠条全部撕掉了。

知识链接

刘邦脱险鸿门宴

 鸿门宴如此凶险，刘邦最终却能成功逃脱。讲一讲，这是为什么？

项羽率领大军浩浩荡荡向关中进发，途中听说刘邦已经先行入关，十分恼火。当大军来到函（hán）谷关的时候，刘邦居然命令部下紧闭关门，不让项羽的大军入关。项羽大发雷霆，下令发动进攻。没过多久，大军便破关而入，驻扎在了鸿门（今陕西省西安市临潼区新丰镇鸿门堡村），与刘邦驻军的灞上仅仅相距四十里。双方的军队剑拔弩张，气氛十分紧张。

项羽的谋士范增劝项羽说："我听说刘邦

范增

项羽主要谋士，被项羽尊为"亚父"。后来，陈平设计离间项羽和范曾的君臣关系，受到猜忌，辞官归乡，途中病死。

先秦

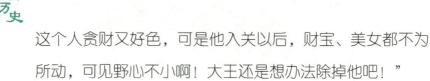

这个人贪财又好色，可是他入关以后，财宝、美女都不为所动，可见野心不小啊！大王还是想办法除掉他吧！"

项羽听了犹豫不决，可是主意虽然还没有拿定，消息却早就不翼而飞了。原来项羽的叔叔项伯年轻的时候犯了死罪，张良救了他的性命。所以项伯一得到消息，就连夜骑马来到刘邦营中，劝张良赶快逃走。张良急忙把这件事报告给了刘邦，刘邦决定收买项伯。他大办宴席，宴请项伯，并且和项伯结为儿女亲家，又哭诉说："我进入关中，任何东西都不敢据为己有，全都登记了等待项王到来。至于派遣将士把守函谷关，只不过是为了防备其他盗贼进来。我日日夜夜都盼望项王入关啊，又怎么会背叛他呢？"项伯信以为真，对刘邦说："如果真是这样的话，项王一定不会动怒的。不过还是请沛公明天早晨亲自来向项王道个歉吧！"刘邦连连点头答应。

项伯又连夜赶回军营，把刘邦的话报告给了项羽，并趁机说："如果不是沛公先攻破关中，大王怎么会这么轻松就进关来呢？人家立了大功，而我们却要攻打他，这是不讲信义啊！"项羽听了，低头不语。

第二天一大早，刘邦就带着张良、樊哙等人来到了项羽的军营中，再三表明自己对项羽别无二心，更无意做关中王。项羽听后，态度有所缓和，于是留下刘邦一起饮酒。可是范增却不相信刘邦的话，主张趁机杀死他以除后患。

　　宴饮的时候，范增几次三番地举起玉玦（jué），示意项羽下定决心除去刘邦，可是项羽却无动于衷。范增没有办法，只好命令项羽的堂弟项庄在席前舞剑，伺机刺杀刘邦。可是项伯看到事情不妙，也拔剑起舞，用身体掩护刘邦，使项庄无法下手。

相关故事

项庄舞剑，意在沛公

　　鸿门宴上，范增找来项羽的堂弟项庄，让他为大家舞剑，趁机杀掉刘邦。项庄来到宴会上敬酒，并请求舞剑助兴。只见剑光闪闪，越舞越靠近刘邦。项伯担心出事，也拔剑起舞，暗暗地用自己的身体挡住刘邦。张良看到这种情况，赶忙出去对樊哙说："现在项庄舞剑，他的用意就是要杀沛公啊！"后来张良所说的话便演化成了这个成语，用来比喻行动或言语隐约针对某一个人。

　　刘邦看到情况紧急，就借口上厕所而偷偷地溜走了。张良进去辞行说："沛公喝醉了酒，不能当面告辞。让我

先秦

147

奉上白璧一双，献给大王；玉斗一双，献给亚父。"项羽接受了玉璧。范增呢？他接过玉斗，放在地上，一剑击碎了它，愤愤地说："唉！这小子不值得和他共谋大事！将来夺天下的人一定是刘邦，我们都要当他的俘虏了！"

巨鹿之战后项羽做了反秦义军的领袖，他率领着四十万义军以及归降的二十万秦军扫平了河北，一路向西来到了新安（今河南省新安县）。项羽担心投降过来的秦军叛变，就命令部下在新安城南挖了一个大坑，一夜之间将二十万降军统统活埋了。从此，项羽的残暴出了名。

知识链接

项羽自刎乌江

 从"巨鹿之战"的意气风发到"自刎乌江"的凄惨悲凉，是什么原因造成了项羽的这一结局呢？

公元前202年，韩信布置下十面埋伏，把项羽围困在了垓（gāi）下（今安徽省灵璧县东南）。时间一久，项羽的士兵越来越少，粮食也快吃完了。可是韩信、彭越的军队又层层包围上来，想要突围非常困难。

晚上，汉军的将士们唱起了楚国的歌谣，歌声从四面八方飘入了楚军的营帐。项羽手下的兵士们常年在外征战，离开家乡已经好多年了，一听到故乡的歌声全都潸然泪下，再也不想打仗了，纷纷四散逃走。

 韩信

淮阴人，西汉的开国功臣，我国历史上著名的军事家。后来因为功劳太大，引起了刘邦的猜忌，被萧何和吕后设计杀害了。

项羽突然听到四面都唱起了楚国的歌谣，大惊失色地说："难道汉军把楚地都占领了吗？不然，为什么汉军中的楚人这么多呢？"于是连夜起来，到军帐中喝酒。越喝越觉得凄凉，就对着宠妃虞（yú）姬唱起了歌：

力拔山兮气盖世，

时不利兮骓（zhuī）不逝。

骓不逝兮可奈何，

虞兮虞兮奈若何！

项羽唱了一遍又一遍，虞姬也跟着他一起唱。后来项羽竟然伤心地流下了眼泪。身边侍卫也都哭了，大家全都低下头不忍心去看他。

随后项羽跨上乌骓马，带着八百子弟兵，当晚从南面突出重围，纵马奔逃。天亮的时候，韩信才发现项羽已经突围出去了，于是命令灌婴率领五千骑兵追击项羽。项羽渡过淮河，能跟上他的骑兵只剩一百多人了。

项羽逃到一个名叫阴陵（今安徽省定远县西北）的地方迷了路。手足无措的时候遇到了一个庄稼人，便向他询问哪条路可以通往彭城（今江苏省徐州市）。这个庄稼人不仅没有帮项羽，反而骗他说："往左边走就是了！"项羽往左走，不久就陷入了一片低洼的水地里，所以又被汉军追上了。项羽只好率兵向东突围，到了东城（今安徽省定远县东南）的时候，只剩下二十八个骑兵了。

而追击的汉军骑兵有几千人。项羽估计这回逃不掉了，于是对手下兵士说："我从起兵打仗到现在已经八年了，亲身经历了七十余次战斗，从没有失败过，所以才称霸天下。我今天要带领大家痛快地打一仗，让各位知道这是上天要亡我，不是我不会用兵打仗！"

项羽把这些人分成四队，分别面朝着四个方向站立。这时，汉军密密麻麻地围了上来，项羽对大家说："我先杀他们一员大将，你们趁机往山的东面跑，我们在那里会和。"

说完，项羽大声呼喊着冲了下去，果然杀了一名汉将。项羽到了东山，四队人马也全都到齐了。项羽又把他们分成三队，分三处把守。汉军也兵分三路，把他们团团围住。项羽来回冲杀，又杀了一个汉军都尉和几百名士兵。最后，他又把三路人马集合起来，清点人数，发现只不过损失了两个人。

项羽率领大家，又一次冲出重围。他们一路向南，逃到了乌江。乌江亭长撑着小船在岸边等待项羽，他劝项羽说："江东虽小，也还有方圆千里的土地，几十万的民众，足够称王了。请大王赶紧过江吧！"

霸王别姬

项羽被围困在垓下,四面楚歌。面对此情此景,他百味杂陈,慷慨悲歌。虞姬跟随项羽多年,从没听过他如此深切悲凉的歌声,于是穿戴起华贵漂亮的衣服,给项羽舞剑。她为了让项羽不再有牵挂,趁项羽不注意,饮剑自尽了。项羽悲恸万分,在仓促间只好草草掩埋了虞姬,随即带着八百骑兵连夜突围。

项羽仰天大笑，说："上天要绝我生路，我还渡江干什么？况且我当初带领江东八千子弟渡过乌江去打天下，现在却没有一个人生还，即使江东的父老、兄弟愿意拥戴我为王，我又有什么脸面去见他们呢！"

说完，项羽把自己心爱的乌骓马送给了亭长。命令剩余的二十六人全部下马，手拿短刀和汉军交战。仅仅项羽一个人就杀死了几百名汉军兵士。后来，眼看着自己的随从一个个都倒下了，自己也负伤十多处，汉军又步步紧逼，项羽只好在乌江边拔剑自杀了。

项羽率兵进驻关中后，杀了子婴，又一把火烧掉了阿房宫，据说大火一直烧了三个月才熄灭。有人劝他说："关中土地肥沃，四方都有要塞，可以在此建都，成就霸业。"可是项羽看到四周一片焦土，又思念家乡，于是就说："富贵了不回故乡，就像穿了锦绣衣裳在黑夜中行走，别人谁知道呢？"于是建都彭城，自称西楚霸王。

知识链接

两汉

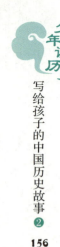
萧规曹从

你觉得"萧规曹从"是治理国家的好方法吗？说一说，你觉得曹参是个什么样的人？

公元前193年，相国萧何病死了，曹参听说了这个消息，吩咐家里的仆人说："赶紧给我收拾一下行李，我马上要进京当相国了。"没过几天，汉惠帝刘盈果然派人来召曹参进京。

曹参年轻的时候当过管理监狱的小吏，萧何当时是他的上司。两人因为志趣相投，结成了好朋友。萧何知道曹参有治国的才能，所以临死前向汉惠帝举荐了他。无独有偶，当年汉高祖刘邦病重的时候，吕后也向他询问过同样的问题，刘邦当时

> **萧何**
>
> 沛郡丰邑（今江苏省丰县）人，西汉初年著名的政治家、丞相。西汉开国功臣之一。

给出的答案也是萧何死后，曹参为相。于是曹参顺利地登上了相位。

曹参当上相国后，并没有轰轰烈烈地干一番事业，而是天天请人喝酒、聊天。汉惠帝看到这种情形，感到很纳闷，又想不出个所以然来，就认为曹参嫌他太年轻了，所以不愿意尽心尽力来辅佐他。汉惠帝左思右想，总觉得心里没底，不免有些着急。

恰好曹参有个儿子叫曹窋（zhú），是朝中的中大夫（官名）。有一天，汉惠帝嘱咐曹窋说："你回家的时候，找个机会问问你父亲，就说：'高祖皇帝驾崩了，皇上现在又那么年轻，国家大事全靠相国来主持。可您天天只知道喝酒，什么事儿都不管。这样下去，能治理好天下吗？'看你父亲怎么说。"

曹窋接受了旨意，休假的时候回到家，照着惠帝的话一五一十地跟曹参说了。曹参一听，大发雷霆，指着曹窋的鼻子骂道："你这种毛孩子懂个什么，国家大事哪里轮到你来指手画脚！"说着，叫仆人拿板子来，把曹窋狠狠地打了一顿。

曹窋被父亲打骂后，垂头丧气地回到宫中，向汉惠帝大诉委屈。汉惠帝听了后更觉得莫明其妙了，不明白曹参为什么会发那么大的火。

两汉

157

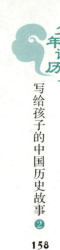
　　下了朝，汉惠帝把曹参留下，责备他说："你为什么要责打曹窋呢？他的那些话其实都是我教的。"曹参听了，立即叩头谢罪。汉惠帝叫他起来后，又说："你到底是怎么想的，请直说吧！"

　　曹参说："请陛下好好想一想，您跟先帝相比，谁更英勇贤明呢？"

相关故事

成也萧何，败也萧何

　　韩信在萧何的举荐下，被刘邦拜为大将军，立下了赫赫战功。可是刘邦做了皇帝以后，却对韩信越来越不放心，他解除了韩信的兵权，只封了个"淮阴侯"。韩信郁郁不得志，便图谋反叛。可是他的一位家臣却偷偷地向吕后告了密。吕后想除掉韩信，又担心制服不了他，于是找来萧何商量，最后和萧何一起设计把韩信骗进宫，将其杀害在了长乐宫的钟室中。

　　汉惠帝立刻摇摇头，说："我怎么敢和先帝相提并论呢？"

　　曹参又问："那么，您觉得我的才能跟萧相国比，谁更强呢？"

汉惠帝笑笑说："我觉得你应该比不上萧相国。"

曹参说："陛下说得非常对。既然您的贤能不如先帝，我的才能又比不上萧相国，难道我们还能制定出超越他们的法令规章来吗？我现在这样照章办事，不是很好吗？"汉惠帝听了曹参的解释，说："我明白了，是我错怪你了！"

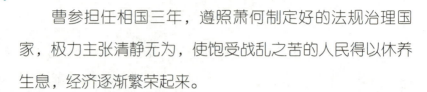

曹参担任相国三年，遵照萧何制定好的法规治理国家，极力主张清静无为，使饱受战乱之苦的人民得以休养生息，经济逐渐繁荣起来。

历史上把这种行为叫作"萧规曹随"。

西汉初年，皇帝和大臣都信奉"黄老之术"，主张用"清静无为"的思想来治理国家。所谓"无为"就是尽量不要干涉老百姓的生活，不要一味追求所谓的丰功伟业和政治霸权。这种治国策略，非常适合汉朝初年动荡不安的社会现状，有力地促进了汉初社会经济的繁荣。曹参，就是推崇"黄老之术"的代表人物之一。

知识链接

周亚夫的细柳营

 周亚夫对于汉文帝的到来，并没有特殊对待，这说明他是一个什么样的人呢？他的这种做法对吗？

西汉初年，虽然匈奴的势力不断壮大，但是由于双方的和亲政策，边塞相对安定。到了公元前158年，匈奴的军臣单于突然违背盟约，起兵六万，侵犯上郡（今陕西省榆林市东南）和云中（今山西省原平市西南），杀了不少无辜百姓，抢掠了大量财物。

上郡和云中两地纷纷燃起烽火来向朝廷传递信息，一到晚上，火光一片，长安城里看得一清二楚。长安城里的人们，上至王侯，下至百姓，都惶惶不可终

周亚夫

西汉时期的著名将军，绛（jiàng）侯周勃的次子。为人耿直，不善阿谀奉承。"将在外，君命有所不受"，就是他说的。

两汉

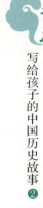

日。汉文帝闻讯后，立刻调兵遣将，派出了三路大军去云中、上郡击退匈奴的入侵。同时，又特地安排了三位将军带兵驻扎在长安附近，以防万一。

相关故事

汗流浃背

周亚夫的父亲周勃诛灭了吕氏势力，当上了右丞相。有一天，汉文帝问他："全国一年要审理多少案件？"周勃一听，低着头说不知道。汉文帝又问他："那么全国每年收入和支出是多少？"周勃急出一身冷汗，还是回答不出来。汉文帝又问左丞相陈平，陈平说："审理案件的事，归廷尉管；财务的事，归内史管。只要问他们就知道了。"汉文帝听了十分满意。事后周勃感到非常羞愧，于是辞去了官职。

当时将军刘礼驻扎在灞上，徐厉驻扎在棘（jí）门（今陕西省咸阳市东北），周亚夫驻扎在细柳（今陕西省咸阳市西南）。军事部署停当后，汉文帝又亲自到这三个军营去慰劳大军。

汉文帝带着大臣们先来到了灞上，刘礼和部下一看到皇帝来了，赶忙打开营门迎接。汉文帝的车马在军营中长驱直入，没有受到一丁点儿的阻碍。后来又来到棘门，遇到的情形和灞上完全一样。

最后，汉文帝来到了周亚夫驻守的细柳。军营门口的哨兵远远地看到有一队人马靠近，立刻报告周亚夫。周亚夫马上命令将士们披盔带甲，弓上弦，刀出鞘，进入了战备状态。

汉文帝派了几个随行的官员先到营门口通报，却被守将拦在门外，不让进去。这几个官员大声呵斥道："皇上马上就到了，还不打开营门，你到底长了几个脑袋？"

营门的守将面不改色，并振振有词地回答："军营中只听将军的军令。将军没有下令，无论谁都不能进去！"

官员们正要同守将争执时，汉文帝的车驾已经到了。看到天子仪仗，守营的将士照样拦住不让进入，汉文帝只好命令侍从拿出皇帝的符节，派人给周亚夫传话说："我是当今的天子，要进营来慰劳军队。"

周亚夫这才下令打开营门，让汉文帝的车驾进来。可是刚进营门，门口的将士又郑重其事地告诉他们："我们将军有规定，军营内不许车马奔驰。"

随行的官员都很生气。汉文帝却吩咐大家听从军令，缓缓前进。到了大营，只见周亚夫浑身披挂着盔甲，手拿着兵器，威风凛凛地站在汉文帝的面前。他只对汉文帝做了一个长揖，说："臣身披盔甲，不能跪拜，请允许以军礼参见。"汉文帝非常感动，连脸上的神色都改变了。

慰问完毕后，汉文帝带着大臣们出了细柳营。大臣们有的对周亚夫的所作所为深感不满，有的则为周亚夫捏了一把汗。没想到汉文帝却赞不绝口，他说："周亚夫才是真正的将军啊！灞上和棘门两个地方的军队，松松垮垮，

就跟孩子们闹着玩儿一样。如果敌人来偷袭，不失守才怪呢。像周亚夫这样治军，敌人才不敢侵犯啊！"

又过了一个多月，汉文帝派到云中和上郡的大军击退了匈奴，长安附近的三支军队也撤防了。汉文帝发现周亚夫有大将之才，就任命他做了中尉（负责京城治安的军事长官）。

汉文帝临死前，对太子刘启说："周亚夫这个人做事

很稳妥，如果国家将来发生了大的变故，放心地把兵权交给他吧！"

七国之乱时，梁王刘武几次三番向周亚夫求援。周亚夫虽然没有正面援救，可是他却暗中派兵劫去了叛军的粮草。叛军因为缺粮草，最后只好退却。周亚夫趁机派精兵追击，大获全胜。这次叛乱只持续了三个月就被平定了，大家纷纷称赞周亚夫的用兵之道。但梁王却因为周亚夫没有及时救援，和他结下了仇。

知识链接

晁错削藩

晁错为了削藩丢掉了性命，你赞同他的做法吗？说一说，如果你是晁错，你会怎样做？

公元前157年，汉文帝驾崩，太子刘启即位，即汉景帝。汉景帝继续采用休养生息的政策，奋发图强，决心要把国家治理好。

文帝时期的内史（官名，掌管全国的财务）名叫晁（cháo）错，他才能出众，被人称为"智囊"。汉景帝即位后，非常器重他，提拔他做了御史大夫（官名，职位仅次于丞相）。

西汉初年，汉高祖将一些刘姓子孙分封到各地为王。到了汉景帝时，已经有了二十二个诸侯国。这些诸侯的势

晁错

西汉的政治家、文学家。他的政论散文，节奏明快、气势磅礴，被鲁迅先生称为"西汉鸿文"。

两汉

167

力很大，土地又多。齐国有七十多座城池，吴国有五十多座城池，楚国有四十多座城池。有些诸侯根本不受朝廷的约束，特别是吴王刘濞（bì），更是骄纵跋扈。他的封国靠海，还有铜矿，自己煮盐采铜，简直比皇帝还要富有。吴王从来不到长安朝见皇帝，这时的吴国俨然成了一个独立王国。

晁错看到这种情形非常担忧，觉得任由诸侯国为所欲为，天下很快又要变成诸侯割据的局面了。于是，他劝汉景帝说："吴王一直都不来朝见，听说他私自开铜山铸钱，煮海水产盐，招兵买马，准备造反。还是趁早削减他们的封地吧！"

汉景帝说："这确实是一个好办法。可是万一激起他们造反，该怎么办呢？"

晁错说："诸侯如果存心造反的话，削地要反，不削地将来也要反。现在造反，祸患还不算大。等他们将来势力雄厚了，再造反，祸患就不可同日而语了！"

汉景帝觉得晁错说得有道理，于是听从了他的建议，下定决心削减诸侯的封地。就在晁错正紧锣密鼓地准备削藩的时候，他的老父亲却从颍川（今河南省禹州市）老家赶了过来，指着晁错的鼻子大骂道："你现在做了御史大夫，怎么还不知足呢？你想想，诸侯都是皇室的骨肉至亲，你管得着吗？你把他们的封地削了，他们必定个个都怨你、恨你，你这是何苦呢？"

晁错小心翼翼地说："不这样做，诸侯割据，国家就会陷入动乱，到时候老百姓又要受苦了。"

他的父亲叹了口气，说："你这样做，虽然刘家的天下安定了，可是我们晁家就要大祸临头了！我老了，不愿意经历这样的灾难了。"说完就回到颖川，服毒自杀了。

果不其然，削藩的消息一传到吴国，吴王刘濞就打着"杀晁错，清君侧"的幌子，煽动其他诸侯一起起兵造反。

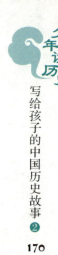
公元前154年，吴、楚、赵、胶西、胶东、甾（zī）川、济南等七个诸侯王发动叛乱。历史上称其为"七国之乱"。

叛军声势浩大地向长安推进，汉景帝吓坏了。他突然想起了汉文帝的临终遗言，连忙任用周亚夫为太尉，让他率军平定叛乱。

相关故事

弈棋事件

吴王的太子刘贤和皇太子刘启（即汉景帝）下棋时，为了一个棋子争执起来。由于刘贤态度非常恶劣，太子刘启一怒之下拿起棋盘砸向刘贤，没想到一下子把他给砸死了。汉文帝让人把尸体送回吴国安葬。到了吴国，吴王刘濞大怒说："天下都是刘家的，死在长安就埋在长安，又何必送回吴国埋葬呢！"最后坚持把尸体送回，埋在了长安。后来，吴王刘濞又写了一封信，说自己年老多病，以后就不去长安朝拜了。

这时候，有人向汉景帝推荐了一个叫袁盎的人。这个袁盎，是晁错的死对头，趁机劝汉景帝杀了晁错，说只有这样，各国诸侯才会退兵。汉景帝为了保住自己的皇位，决定杀掉晁错。他派中尉去晁错家中请晁错上朝议事，可是马车行驶到长安东市的时候，却突然停了下来，中尉当众宣读了判处晁错死刑的诏书。就这样，晁错还没有明白过来便身首异处了，当时他的身上还穿着朝服。

晁错死后，七国诸侯不仅没有退兵，反而趁机夺取了不少城池，向长安逼近。汉景帝这才后悔错杀了晁错，可是为时已晚。不过，值得庆幸的是，周亚夫不负重托，他用兵如神，仅仅三个月，就平定了叛乱。

七国之乱后，汉景帝规定诸侯王只能在自己的封国里征收租税，不许干预地方的行政。这样一来，诸侯的权力被大大削弱，汉朝的中央政权才逐渐稳固起来。

袁盎和晁错同朝为官的时候，两个人从来没有在一起谈过话。只要有晁错在的地方，袁盎就会离去；只要有袁盎在的地方，晁错也会离开。晁错当上了御史大夫后，发现袁盎竟然接收吴王刘濞的贿赂，于是向汉景帝检举了他。汉景帝下旨将袁盎削职为民。这样一来，两人的积怨就更深了。

知识链接

卫青、霍去病抗击匈奴

看了卫青和霍去病抗击匈奴的故事，你有什么样的感想？
你还知道哪些和匈奴有关的故事呢？

卫青出身低微，是平阳公主（汉武帝刘彻同胞长姐）家里的一名骑奴。年轻时，有个擅长看面相的人对他说："你这是贵人的面相啊，将来一定能够封侯拜将！"卫青笑着说："我只是一名奴隶，只要主人不打骂，已经是万幸了，哪里谈得上立功封侯呢？"

卫青

我国历史上抗击匈奴的著名将领。卫青善于以战养战，用兵敢于深入，一生七次抗击匈奴，七战七胜，却从不居功自傲。他对待同僚大度有礼，一生遵从法度，从不结党营私。

卫青有个姐姐，名叫卫子夫，生得美貌过人，本来是平阳公主府中的歌女，后来被汉武帝看中，深受宠爱。由于这个原因，卫青的地位才渐渐显贵起来。

公元前130年，汉武帝派出四路兵马出击匈奴，最后居然只有首次出征的卫青胜利归来。汉武帝对卫青的表现非常满意，封他做了关内侯，却要治败军将领李广和公孙敖（áo）的罪。

卫青听说后，立刻求见汉武帝，为李广和公孙敖开脱说："陛下，如果不是两位将军拖住匈奴主力，我也不会这么轻易就取胜呀！"

汉武帝听了，愈发器重卫青，并夸赞卫青："关内侯真是个仁义的人啊！"

公元前124年，汉武帝命令卫青率领三万骑兵，向匈奴发动大规模的进攻。这一仗，卫青大获全胜，一共俘获了一万五千多个俘虏，匈奴右贤王全军覆没。捷报传到长安，汉武帝欣喜若狂，立刻派人把大将军的印信送到了卫青的军营中，拜他做了大将军，就连他三个未成年的儿子也都封了侯。

卫青辞谢说："我这次打胜仗，全都是将士们浴血杀敌的功劳。我的儿子们年纪还小，并没有立过丝毫的战功，陛下封赏他们，会让将士们寒心的！"汉武帝听了卫青的话，立刻封了卫青部下的七位将军为侯，心里更是敬重卫青。

卫青的外甥名叫霍去病，同卫青一样，也是我国历史上抗击匈奴的著名将领。公元前123年，霍去病首次跟随卫青出征，年仅17岁。霍去病率领八百轻骑，深入敌后，纵横数百里，杀敌两千多人，其中包括匈奴单于的祖父，同时还俘虏了单于的叔叔和相国，被汉武帝封为冠军侯。

公元前121年，汉武帝又任命霍去病为骠骑将军，率领一万骑兵，从陇西出发，进攻匈奴。霍去病的骑兵打得

匈奴节节败退，他一直追过了燕支山（今甘肃省张掖市山丹县东南），追击了一千多里地，俘虏了浑邪王和休屠王，连休屠王祭天的金人都拿了回来。为了表彰霍去病的战功，汉武帝想要给他盖一座住宅，可是霍去病却说："匈奴还没有消灭，哪里顾得上安家呢！"

为了击溃匈奴主力，彻底将匈奴拒之门外，公元前119年，汉武帝派卫青和霍去病各率五万精兵，合击匈奴。卫青率军穿过大漠，只走了一千多里，就和伊稚（zhì）斜单于率领的匈奴主力相遇了。面对以弱对强、以少对多的境况，卫青命令部下用兵车迅速环结成阵，然后派出五千骑兵配合军阵向敌阵冲锋。最后汉军大获全胜，一直追击到了赵信城（今蒙古国乌兰巴托市西），彻底打垮了匈奴的主力，匈奴从此再也没有能力南下了。

同时，霍去病也横越大漠，前进了两千多里，击败了匈奴左贤王的兵马，一直追赶到了狼居胥山，在那里立了一块石碑做纪念。

这是汉朝对匈奴发动的一场规模最为宏大的战争，战后匈奴退居到了大漠以北。从此，大漠以南再也看不到匈奴的王庭了。

两
汉

李广射虎

　　飞将军李广担任右北平郡太守时，有一天，他带着几个随从外出，回来的时候天已经黑了。这时，李广突然发现有一只老虎蹲在草丛中。他连忙挽弓搭箭，"嗖"的一箭射去，射中了那只老虎。随从走近寻找猎物时，发现中箭的不是老虎，居然是一块虎形的大石头。箭已经深深地射进了石头中，任凭随从使出浑身力气，都没有拔出来。

卫青死后，汉武帝命人在自己陵墓的东侧修建了阴山（今内蒙古自治区中部）形状的墓冢，用来象征卫青一生的赫赫战功。霍去病死后，汉武帝则命人在自己的陵墓附近修了一座像祁连山（今青海省东北部与甘肃省西部边境）的墓冢，彰显他力克匈奴的奇功。

知识链接

苏武牧羊

 读了这个故事，你有没有被苏武宁死不屈的气节所感动呢？说一说，如果你是苏武，你会怎么做？

苏武是代郡（今河北省蔚县一带）太守苏建的儿子。年轻时因为父亲的职位，和两个哥哥一起做了皇帝的侍从。

公元前100年，匈奴且鞮（dī）侯单于刚刚即位，因为害怕汉朝趁机发起攻击，于是假惺惺地说："汉朝皇帝其实是我的长辈啊！"还派人送回了之前扣留在匈奴的汉朝使臣。

汉武帝信以为真，觉得这个新单于实在是太通情达理了，就派苏武出使匈奴，护送扣留

 苏武

杜陵人，西汉大臣。出使匈奴，被扣留了整整十九年，一直持节不屈。苏武去世后，汉宣帝把他列为麒麟阁十一功臣之一，以此来嘉奖他的节操。

在汉朝的匈奴使者回国，还给且鞮侯单于带去了丰厚的礼物，答谢他的好意。

就在苏武完成了出使任务，准备返回的时候，匈奴上层突然发生了内乱，苏武一行人受到牵连，被扣留了下来。匈奴单于派一个名叫卫律的降臣来劝说苏武投降，苏武指着卫律的鼻子，破口大骂道："卫律，你原本是汉朝的臣子，现在却背叛了父母朝廷，厚颜无耻地做了汉奸。像你这样不忠不义的人，有什么资格来和我说话呢？回去告诉你的单于，'士可杀，不可辱'，我是决不会投降的！"

卫律碰了一鼻子灰，回去向单于报告。单于大发雷霆，命令手下人把苏武关到一个地窖（jiào）里，不给他食物和水，想以此来迫使苏武屈服。

当时正值严冬，天上下着鹅毛大雪，地窖里又湿又冷，苏武在地窖里受尽了折磨。渴了，他就吃一把雪；饿了，就嚼一嚼身上穿的羊皮袄。就这样，过了好几天他居然都没有死。这时的苏武虽然已经奄奄一息了，可还是不肯投降。

单于看到软硬兼施都不能制服苏武，一怒之下，就让人把他送到北海（今贝加尔湖）去放羊。并对他说："等什么时候公羊生了羊羔，就放你回你的汉朝！"

两汉

由于单于断绝了苏武的粮食供应，他就挖地鼠收集的野果充饥。北海人迹罕至，唯一与苏武做伴的，是那根代表汉朝的旄（máo）节（古代使臣所持的符节）。苏武每天拿着这根旄节放羊。一晃十几年过去了，旄节上用牛尾毛做的穗子都掉光了，当初下令囚禁苏武的且鞮侯单于死了，汉武帝也死了，他的儿子汉昭帝登上了皇位。

公元前85年，匈奴起了内乱，新单于没有力量再跟汉朝打仗，又打发使臣前来求和。汉昭帝也派使臣来到

匈奴，要求放回苏武等人，匈奴人却骗使臣说苏武已经死了。

苏武和李陵

苏武和李陵曾经一同担任过侍中。李陵投降匈奴后，单于曾派他去看望苏武。李陵劝苏武归降时，苏武说："我苏武父子都是陛下栽培提拔起来的，我效忠陛下，就像儿子效忠父亲，都是心甘情愿的，请你不要再说了！"李陵被苏武的坚贞不屈所打动，流着眼泪与苏武告别。并且让妻子出面送给他几十头牛羊。

第二次，汉朝又派使臣到匈奴去。苏武的老部下常惠买通了单于的近臣，知道苏武还活着。汉朝使臣对单于说："我们皇上在上林苑射下了一只大雁，大雁的脚上拴着苏武的亲笔书信，他说他在北海放羊。你们怎么可以骗人呢？"

单于听了吓了一大跳，感叹道："看来苏武的忠义已经感动飞鸟了！"他向使者道歉，答应一定送回苏武。

公元前81年，在匈奴滞留了十九年的苏武终于回到

两汉

181

了长安。长安城的百姓们听到了这个消息，都出门来迎接他。大家看到苏武须发尽白，老态龙钟，可是手里却还紧握着光秃秃的旄节时，无不感动流泪，称赞他是个有气节的大丈夫！

苏李诗现存十多首，收录在《文选》《初学记》《艺文类聚》中。相传是李陵与苏武作为好友之间互相赠答的组诗。被视为五言诗成熟的标志之一。

知识链接

王莽篡权称帝

对于王莽的评价，历史上向来褒贬不一。有的认为他是篡位的奸臣，也有的认为他是勇于创新的改革者。你是怎么看的？

公元前33年，汉成帝刘骜（ào）即位，他的母亲王政君被尊为皇太后。王氏家族作为汉朝最强大的外戚家族，登上了西汉的政治舞台。

王政君有八个兄弟，除了一人早死外，其余七人全被封侯，一时权倾朝野。王氏子弟个个都飞扬跋（bá）扈（hù），声色犬马。然而有一个人虽然出身显贵，却生活简朴，为人谦逊，这个人就是王莽。

王政君

汉元帝刘奭（shì）的皇后，汉成帝刘骜的生母。是我国历史上寿命最长的皇后之一。

王莽是王政君那位早死弟弟的儿子。他做事谨慎，一直恭谨地侍奉早寡的母亲和嫂嫂，抚育亡兄留下的侄子，

两汉

堪称是"出淤泥而不染"的典范。所以在朝廷做大官的伯伯、叔叔们都非常赏识他，不停地提拔他做官，一直做到了大司马。

公元前7年，汉成帝死了，他的侄子汉哀帝即位。汉哀帝在位期间，王莽逐渐被排挤出了权力中心。不过仅仅过了六年，汉哀帝也一命呜呼了。王莽就帮姑姑王政君选了一个九岁的孩子做皇帝，他就是汉平帝。

为了嘉奖王莽，太皇太后王政君几次三番地赏赐给他封号和土地，他坚决不肯接受。后来，王莽做了国丈，太皇太后要把新野（今河南省南阳市南）的二万五千六百余顷的土地赏赐给他，他又推辞掉了。

与此同时，王莽却派了几个自己的心腹，四处宣扬他不肯接受新野封地的事。当时的达官贵人们都如饥似渴地兼并土地，中小地主和农民都恨透了他们。当他们听说王莽不要土地时，都觉得他是一个大好人。

在当时的朝堂上出现了一个奇怪的现象：王莽越是不肯受封，就越有人请求太皇太后封赏他。据说当时朝臣、地方官、平民上书要求封赏王莽的达到了四十八万多人。而且民间各种颂扬王莽的文字，更是多得不计其数。

为此，汉平帝感到非常惶恐，有时难免会抱怨几句。

这些话传到了王莽的耳中时，他便先下手为强，毒死了汉平帝。又从刘姓宗室中找了一个仅仅两岁的娃娃刘婴做皇太子，史称"孺（rú）子婴"。而他自己则做了"假（代理的意思）皇帝"。

自从王莽做了"假皇帝"，怪事更是层出不穷。有人从井里挖出一块大石头，上面居然写着王莽要做皇帝；还有人从地里挖出了一头石牛，上面刻着王莽应该做皇帝的字迹；最神奇的是，有人竟然在汉高祖庙里发现了"汉高祖让位给王莽"的铜匣子……

相关故事

"忠孝简朴"的王莽

王莽的官越做越大，公元前8年，他当上了大司马。然而这时的王莽反而更简朴。有一次，王莽的母亲病重，朝中文武百官的夫人都前来探望，王莽却让自己的妻子穿上粗布衣裳出门迎接，这些贵妇人都以为她是王家做粗活的奴婢。当知道了这就是大司马夫人的时候，都惊叹万分。从此以后，大家都说王莽是个"忠孝俭朴"的人。

两汉

这个时候，一向以谦让出名的王莽，终于撕掉了自己的伪装，直接派人去找太皇太后王政君索要汉朝皇帝的玉玺（xǐ）。王政君这才发现自己上了当，可是为时已晚，只好咬着牙说："我年纪大了，没有几年的活头了，这玉玺你就拿走吧，看你将来有什么好下场！"说完狠狠地将

玉玺扔在了地上。

　　公元8年，王莽正式称帝，改国号为新。就这样，统治了中国两百多年的西汉王朝，被王莽这样不费一兵一卒地骗到了手。然而王莽对自己的定位绝不是一个好演员，而是一个好皇帝。因此他开始了大刀阔斧的改革。改革包括收回全国土地的所有权，不许买卖；不许买卖奴婢；废除"五铢（zhū）钱"等。

　　这些改革的出发点或许是好的，但是因为违背了当时的社会现实，所以每一件都办得很糟糕。无论是地主、商人，还是农民和手工业者……没有一个老百姓从新法度中得到好处，反而使百姓更加苦不堪言。

　　　　外戚是指帝王的母亲和妻子方面的亲戚。历史上，帝王年幼时，外戚往往干政擅权，有的甚至改朝换代、篡夺王位。西汉末年的王莽就是其中的代表人物之一。

知识链接

绿林军和赤眉军

绿林军和赤眉军作为农民起义军，面对王莽的残酷镇压为什么会屡战屡胜呢？

王莽统治后期，百姓越来越不堪重负，各地农民起义频频爆发。在当时众多的起义队伍中，绿（lù）林军和赤眉军声势最为浩大。

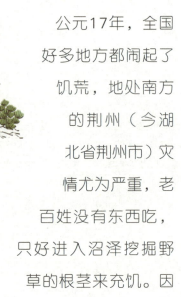

公元17年，全国好多地方都闹起了饥荒，地处南方的荆州（今湖北省荆州市）灾情尤为严重，老百姓没有东西吃，只好进入沼泽挖掘野草的根茎来充饥。因

为饥民太多，大家为仅有的一点食材起了争执。这时，新市（今湖北省京山县东北）有两个有名望的人，一个叫王匡，一个叫王凤，出来为大家调解矛盾，受到了人们的拥护。

后来，王匡、王凤把这批饥民组织起来，对大家说："自从王莽篡夺了汉朝天下，老百姓的日子一天比一天苦，现在连饭都吃不上，眼看就要饿死了，与其这么坐着等死，还不如造反呢！"大家听了纷纷响应。随后，王匡他们占领了绿林山（今湖北省京山县境内），将其作为根据地，向周边扩充势力。几个月工夫，这支起义军便发展到了七八千人。他们经常隐蔽在绿林山中，因此被称作"绿林军"。

与此同时，我国东部也爆发了大规模的农民起义。公元18年，一个名叫樊崇的人，在泰山一带带领老百姓反抗王莽的统治，没过多久，就发展起了一支一万多人的队伍。樊崇的起义军纪律十分严明，只要伤害了老百姓的利益，就会受到严厉的惩罚。所以，老百

樊崇

新莽（即王莽建立的"新"政权）末年著名农民起义领袖、赤眉军的首领。他英勇善战，富有谋略，为推翻新莽王朝做出了巨大贡献。

姓都非常拥护他们。为了在作战时和敌军区分开，樊崇下令让大家都把眉毛涂成了红色，因此被称作"赤眉军"。

相关故事

吕母起义

吕母是海曲（今山东省日照市西）的大富户。她的独生子吕育，做过县上的小吏，因为一点小过失，被县令杀掉了。儿子死后，吕母下决心要报这个仇。公元14年，吕母聚集了一百八十多个人，在海曲起义。不久，起义队伍就扩大到数千人。后来，吕母病逝，她的部下又投到赤眉军中，继续参加反抗王莽统治的斗争。

绿林军和赤眉军两支起义队伍，在东部和南部频频挫败王莽的军队。消息一传开，全国各地的农民也都活跃起来，大大小小的起义军多达几十路。整个国家变成了一盘散沙。

绿林军、赤眉军起义，是继陈胜、吴广起义后，我国历史上第二次大规模的农民起义。他们推翻了新莽政权，为后来东汉王朝两百年的和平局面奠定了基础。从此，"绿林"二字也成了后世草莽英雄的代名词。

知识链接

刘秀光复汉室

 想一想，绿林军和赤眉军声势如此浩大，可为什么没有建立起统一的政权，而胜利最终却被刘秀收入了囊中呢？

　　绿林军的几支起义队伍中，并没有统一发号施令的统帅。将士们认为一定要找一个姓刘的人当统帅才合乎情理。因此大家一致推举一个名叫刘玄的落魄贵族，拥立他做了皇帝，恢复汉朝国号，年号为"更始"。打这儿起，绿林起义军被称作"汉军"。

　　公元23年，汉军杀进长安，王莽死在了乱军之中，"新"政权随之覆灭。

　　汉军中有个义军首领，名叫刘秀，在推翻王莽的统治中立下了赫赫战功。刘秀是汉景帝的旁系子孙，他一心想要恢复刘家天下。公元25年，在

刘秀

　　即光武帝。东汉的开国皇帝，汉高祖刘邦的九世孙。

鄗（hào）（今河北省柏乡县北）地称帝，即光武帝。

与此同时，绿林、赤眉两支义军开始争斗起来。原来刘玄进入长安后，自以为万事已经尘埃落定，整天饮酒作乐，不理朝政。王匡、王凤等一些将领对他十分不满。

眼见刘玄腐化堕落，赤眉军决定讨伐他，于是樊崇带领二十万赤眉军杀进了长安，刘玄兵败投降。可是赤眉军没多久就吃光了长安囤积的粮食，长安城闹起了粮荒，陷入了一片混乱之中。樊崇只好带着军队离开长安向陇西（今甘肃省东部）一带流亡。可是刚到天水（今甘肃省东南部），就遭到那里的地主豪强的拦截。樊崇只好又带着大军返了回来。就在赤眉军像无头苍蝇四处流窜的时候，光武帝迅速出兵占领了洛阳和长安。

光武帝的麾下有一名能征善战的将军，名叫冯异，他不但足智多谋，而且从不居功自傲。当时跟随光武帝左右的将领们闲暇的时候，总喜欢在一起侃侃而谈，吹嘘自己的战功。这个时候，只有冯异一个人默默地躲到大树下面。于是士兵们便给他起了个外号，叫"大树将军"。

这次，汉武帝决定派出冯异去平定关中。临行前，他再三叮嘱冯异最重要的是要安定人心，千万不要滥杀无辜。冯异进入关中后，设计把一队赤眉军包围在崤山（今河南省洛宁县西北）下。他先派出少数兵士正面出战，让

少年读历史

写给孩子的中国历史故事

❷

194

大部分兵士打扮得和赤眉军一模一样，埋伏了起来。赤眉军看见汉兵人少，立刻全线出击。冯异的伏兵趁机冲了上来，双方混战在一起，敌我难分。这时，打扮成赤眉军的汉兵大喊："快投降吧！快投降吧！"赤眉军兵士一看有那么多人喊投降，纷纷放下了武器。

赤眉军在崤山吃了败仗后，樊崇带着剩下的人马向宜阳（今河南省宜阳县）方向转移。这个时候，光武帝早已在他们的必经之路中布下了埋伏，切断了他们的去路。樊崇没有办法，只好派人求和。光武帝接受了他的投降，将他安置在了洛阳，可是没过几个月，就找了个罪名把他杀掉了。

得陇望蜀

东汉初年，割据巴蜀的公孙述和称霸陇西的隗（kuí）嚣（xiāo）不愿投降。他们勾结起来，公然对抗朝廷。公元32年，光武帝刘秀与大将岑（cén）彭率军攻破天水，岑彭又和偏将吴汉把隗嚣包围在西城。公孙述派兵来援救隗嚣，驻扎在上邽。光武帝看到这种情形，便命令盖延和耿弇（yǎn）留下来，把上邽（guī）团团围住，自己则先回京城去了。临行前留了一封诏书给岑彭。岑彭打开一看，上面写着："如果攻占了陇地两城，便可率军攻打蜀地的公孙述。人总是不知足的，我也一样，已经得到陇地，又希望得到蜀地。"

光武帝镇压了绿林、赤眉两支起义军后，又逐个扫平了各地的一些武装割据，统一了全国。他把洛阳作为都城。因为洛阳在长安的东边，因此历史上把这个王朝称为"东汉"。

东汉建立后，光武帝深知老百姓饱受战乱之苦，于是仿效西汉初年，推行休养生息的政策，经济逐渐得到了恢复和发展。

两汉

195

公元23年，王莽派王寻、王邑率领一百万大军向驻扎在昆阳（今河南省叶县）的绿林军发起进攻。由于当时驻守昆阳的绿林军只有几千人，刘秀劝大家死守昆阳，晚上带了十二名勇士闯过敌营去搬救兵。几天后，王莽的大军还没有攻下昆阳，可是绿林军的救兵已经到了。刘秀率领一千精兵充当前锋，率先杀入了敌阵，后来绿林军和城中的守军内外夹击，王莽大军很快就溃败了。王邑逃回洛阳后，发现百万大军只剩下几千人。这场战争被称作"昆阳之战"。

知识链接

三国

官渡大战

 官渡之战是我国历史上著名的以少胜多的战役。想一想，曹操为什么会取胜呢？

东汉末年，由于外戚和宦官专权，一时天下大乱，群雄逐鹿。公元196年，曹操把汉献帝迎接到许都（今河南省许昌市东），从此便借着天子的名义向天下发号施令。曹操的这一举动，引起了许多人的不满。当时，今天河北一带在袁绍的控制之下，他依仗自己兵精粮足，想要一举歼灭曹操。

公元200年，袁绍率领十万大军攻打曹操，双方在官渡（今河南省中牟县东北）对

 曹操

三国时期曹魏政权的奠基人。曹操雄才大略又多才多艺，精通兵法，擅长诗歌与书法。他以汉天子的名义征讨四方，消灭了袁绍、袁术、刘表等割据势力，统一了北方。

峙，打起了持久战。就这样相持了几个月，曹操因为军粮短缺，军营中士气低迷，于是逐渐起了退兵的念头，但被他的谋士荀攸（yōu）劝住了。

　　与此同时，袁绍手下一个叫许攸的谋士，几次三番建议袁绍趁机出兵，偷袭许都，袁绍一直置之不理。这一次，许攸又来劝袁绍出兵。袁绍听得不耐烦了，就把

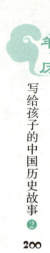
他臭骂了一顿。许攸气坏了，于是连夜逃了出来，投奔了曹操。

曹操听说许攸来了，喜出望外，竟然连鞋都没顾上穿，就出门迎接，连声说："好啊，好啊，子远（许攸，字子远）来了，我这次有希望获胜了。"

相关故事

割发代首

有一次，曹操率军经过一片麦田，他下令如果有人践踏麦子，立刻处死。没想到自己的马这时却受了惊，跑进了麦地，踩坏了一大片麦子。曹操召见主簿论罪，主簿对照《春秋》上的典故，认为不能处罚担任尊贵职务的人。曹操说："自己制定的法律而自己违反，如何能统帅属下呢？虽然我是三军的主帅，也要受到一定的惩罚。"于是，他拿起剑来割断自己的头发替罪。

许攸一见曹操，就开门见山地说："袁绍这次来势汹汹，你打算怎么对付他呢？军营里现在还剩多少粮食了？"

曹操笑着说："应该还可以支撑一年吧！"

许攸冷笑一声，说："恐怕没那么多吧？"

曹操听了急忙改口说："对，对，营中的粮草大约只能支撑半年了。"

许攸听了，一甩袖子，扭头就走，边走边说："我诚心诚意来投靠你，没想到你竟然这样不信任我，太让人失望了！"

曹操只好说实话："军营里的粮草只能维持一个月了，您觉得该怎么办呢？"

许攸说："我知道你现在情况危急，所以特地赶过来帮助你。袁绍现在有一万多车粮草藏在乌巢（今河南省延津县东南），因此你只要派人把他的粮草烧掉，不出三天，袁绍一定会不战而退。"

曹操听了大喜，立刻率军来到乌巢，将那里的囤粮烧了个一干二净。驻扎在官渡的袁军将士听到粮草被烧，都惊慌失措起来。袁绍和他的儿子连盔甲都没来得及穿戴，只带了八百骑兵，就匆匆渡河逃跑了。

官渡之战中，袁绍的主力部队基本上被消灭，曹操的兵力大大增强，为他统一北方奠定了坚实的基础。

　　袁绍想要渡过黄河攻打曹操。他先派出大将颜良做先锋，去围攻河对岸的白马（今河南省滑县）。白马被围的消息传到了曹操营中，一个叫荀攸的谋士献计说："我们可以先派出一队兵马，假装渡河，这样袁绍听到消息后，必然会派兵拦截，这个时候主公可以趁机率兵突袭白马。"曹操听从了荀攸建议，杀了颜良一个措手不及，解除了白马之围。

知识链接

孙策、孙权占据江东

孙策和孙权兄弟俩年纪轻轻就能够建功立业，堪称是少年英雄。说一说，我国历史上还有哪些少年英雄？

当曹操和袁绍在北方你争我夺，忙得不亦乐乎的时候，南方有一支军阀割据势力正在悄然崛起，他们就是孙策、孙权兄弟。

孙策的父亲长沙太守孙坚，原本是袁术的部下。讨伐董卓的时候，孙坚担任先锋，一路所向披靡，勇猛无比。公元191年，袁术派孙坚攻打刘表。孙坚不幸战死，当时的孙策年仅十七岁。

孙策为父亲守完孝，就去投奔袁术，想要回父亲的旧部为其报

孙坚

东汉末年的军阀将领，参加过讨伐黄巾军和董卓的战争，因为作战勇猛，被称为"江东猛虎"。孙权称帝后，将他追封为武烈帝。

三国

仇。袁术看到孙策少年英雄，非常喜欢，经常叹息着说：
"我要是能有孙郎这样的儿子，就算死了也没有什么可遗
憾的了！"不过袁术这个人生性多疑，真要把孙坚的旧部
交给孙策统领，他又有点不放心。孙策心里明白袁术并不
信任他，可是只能隐忍不发，寻找机会。

相关故事

总角之好

孙策小的时候，全家住在寿春（今安徽省六安市寿
春镇），他十二三岁起就开始在寿春结交名士。舒县
（今安徽省庐江县西南）人周瑜仰慕孙策，专程到寿
春拜访。他们两人同岁，又都胸怀大志，所以一见如
故。后来，周瑜劝孙策移居到舒县，并让出临街的大
宅院给孙策居住。两人进入后堂，相互拜见了对方的
母亲，结成了好朋友。因为古人将他们这个年纪称为
"总角之年"，所以这个时候结交的朋友也被称作"总
角之好"。

孙策有个舅舅叫吴景，是当时的丹阳（今安徽省宣城
市）太守，可是却被扬州刺史刘繇（yóu）赶走了。孙策

觉得机会来了，于是向袁术请求让他到江东去帮舅舅攻打刘繇。由于袁术跟刘繇也有矛盾，于是从孙坚的旧部中拨了一千人马给孙策。

　　孙策立刻率兵向南挺进。一路上，有许多人投奔他。到了历阳（今安徽省和县），兵力已经扩充到了五六千人。这时，孙策的朋友周瑜也带了人马前来会合，于是孙

策的力量就更加壮大了。他渡过长江，打败了刘繇的人马，紧接着又攻下了吴郡（今江苏省苏州市）和会稽等地。这样，江东六郡的大片土地，都被孙策占领了。

孙策在江东站稳了脚跟，正想继续挥师北上的时候，却出了一个意外。公元200年，孙策上山打猎的时候，被埋伏在树林里的刺客射中，身受重伤。孙策知道自己不行了，一面叮嘱以张昭为首的大臣要尽力辅佐弟弟孙权，一面命人把印绶（shòu）交给弟弟孙权，嘱咐说："咱们兄弟俩，要论上阵打仗的本领，你不如我；要论选拔人才，任用贤人，我比不上你。希望以后你能好好保住江东这份基业。"说完就咽了气，当时他只有二十六岁。

孙权那时也才十九岁。兄长死了，孙权非常悲伤，每天都哭哭啼啼的，根本没有办法处理朝政。大臣们劝解他，可是一点用都没有，于是大家都非常着急。这个时候，张昭站出来，说："现在天下大乱，如果您只顾自己悲伤，不理国事，这就好像是大开着房门，拱着手把强盗请来，一定会大祸临头的。"

孙权听了，这才意识到了事态的严重性，立刻停止哭泣，更换上朝服，开始料理国事。他虽然年轻，但是平时喜欢结交朋友，注重人才，在江东官员中，已经很有声誉。后来，他在张昭和周瑜的辅佐下，平定了内乱，广招贤才。鲁肃、诸葛瑾、陆逊等人纷纷前来投奔。

　　这个时候的江东，虽然偏居一隅（yú），可是人才济济，呈现出了一片繁荣兴旺的景象。

　　官渡之战期间，曹操听说孙策准备渡江北上袭取许都，十分担忧。曹操的谋士郭嘉却说："孙策刚刚吞并江东，诛杀了不少英雄豪杰。然而孙策这个人为人轻率，又不善于防备，他日一定会死于刺客之手。"后来，事实果然像郭嘉料想的一样。

知识链接

刘备三顾茅庐

读了三顾茅庐的故事，请大家说一说刘备是个什么样的人？

官渡之战后，原本追随袁绍的刘备，又投奔了荆州（今湖北省中南部）刺史刘表。刘表拨给刘备一些兵马，让他驻扎在新野。

刘备在荆州住了好几年，刘表一直把他当作座上宾，可是却不重用他。刘备是个有抱负的人，他一心想着要光复汉室，统一天下。眼看时光流逝，自己却一事无成，他整天闷闷不乐。

一天，有个叫徐庶的读书人来投奔刘备。刘备发现徐庶博学多才，对天下的形势也了如指掌，因此非常看重他。徐庶呢，也尽心尽力为刘备谋划，一连几次打败了曹操的进攻。刘备非常高兴，说："先生真是旷世奇才呀！"

徐庶听了，摆摆手说："我不过是一只乌鸦而已，和真正的凤凰有天壤之别啊！"

刘备说："先生太谦虚了，那么谁才是凤凰呢？"

徐庶说："是我的朋友诸葛亮，人称卧龙先生。他上知天文，下通地理，是真正的旷世奇才，现在隐居在隆中（今湖北省襄阳市西）。您如果能得到他，一定能够一统天下。"

刘备听了大喜，立刻准备礼物，让徐庶请诸葛亮出山。这时，徐庶却说："这可不行。像这样的人，只有您亲自去请，才能表明自己的诚意！"

刘备求贤若渴，听了徐庶的话，第二天就带着关羽和张飞奔赴隆中。可是诸葛亮出外云游去了，三人扑了个空。过了几天，刘备又带着关羽和张飞，去请诸葛亮。当时下着鹅毛大雪，天气非常寒冷，张飞和关羽一肚子的牢骚。可是刘备为了表明诚意，竟然下马步行。尽管如此，他们还是没有见到诸葛亮。

虽然连连碰壁，刘备却一丝怨气都没有。过了一段时间，他带着关羽和张飞，第三次到隆中拜访诸葛亮。这次，诸葛亮终于被刘备的诚心打动，出来和他们相见。一见面，刘备就坦诚地说："如今汉室衰落，大权落在奸臣

诸葛亮

人称卧龙先生，三国时期蜀汉的丞相。是我国传统文化中忠臣和智者的代表。

三国

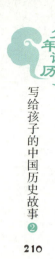
手里。我虽然才疏学浅，但是很想挽回这个局面。一直苦于想不出好的办法来，所以特地来向先生请教。"

相关故事

脾肉之叹

刘备在荆州的时候，有一次刘表请他喝酒，两人谈得很投机。过了一会儿，刘备摸了摸自己的大腿，突然流下了眼泪。刘表觉得很奇怪，问他："贤弟这是怎么啦？"刘备叹了一口气说："我以前一直南征北战，每天都不离开马鞍，大腿上的肉精壮结实；现在在这里过着安逸的生活，腿上的肥肉都长起来了。时光蹉跎，人都快老了，却还是一事无成，想想就觉得难过极了。"

诸葛亮看到刘备如此虚心地向他请教，于是诚恳地帮刘备分析了天下的形势。他说："曹操打败了袁绍，拥兵自重，又以天子的名义发号施令，现在已经难以和他抗衡了。孙权占据江东一带，百姓臣服，现在看来只能和他联合抗击曹操，却不能打他的主意。现在留给您的只有荆州和益州。如果您能占领这两个地方，一旦有机会，就可以从荆州、益州两路进军，攻击曹操。这样功业可以成就，

汉室也可以恢复了。"

　　刘备听了，打心眼里佩服他，说："先生的话让我茅塞（sè）顿开。我一定会照着您的话去做的，还是请您跟随我一同下山吧！"诸葛亮看到刘备诚心邀请，于是就跟他一起到新野去了。后来，人们将这件事称作"三顾茅庐"，将诸葛亮的这番谈话称作"隆中对"。

　　刘备拜诸葛亮做了军师，经常开心地对周围的人说："我得到了卧龙先生，就如同鱼儿得到了水一样！"

　　诸葛亮呢，他同样尽心尽力地辅佐刘备。没多久，刘备的势力就壮大了起来，渐渐地在当时混乱的局面中占据了一席之地。

　　刘备在荆州的时候，打听到襄阳有位名士叫司马徽，就前去拜访他。刘备说："我是专程来向先生您请教天下大势的。"司马徽听了，说："像我这样平凡的人，哪懂得什么天下大势。这一带的才俊有卧龙和凤雏（chú），卧龙名叫诸葛亮，凤雏名叫庞统。如果您能请到其中一位，就可以平定天下了。"

知识链接

周瑜火烧赤壁

说一说，"赤壁之战"在双方实力悬殊的情况下，孙刘联军为什么会最终取胜呢？

公元208年，曹操率领大军继续挥师南下，进攻刘表和孙权。这时候，刘表已经病死了，他的儿子刘琮（cóng）听到消息后吓破了胆，立刻投降了曹操。

当时，刘备驻守在樊城（今湖北省襄樊市）。他听说曹操大军南下，决定把人马撤退到江陵（今湖北省江陵市）。可是刚到长坂坡（今湖北省当阳县东北），曹操的大军就追了上来，刘备的人马被冲杀得七零八落。

刘备吃了败仗，只好退守到夏口（今湖北省武汉市）。然而曹操在江陵并没有做任何停留，而是继续沿江向东进军，眼看就要到夏口了。此时，诸葛亮对刘备说："现在情况紧急，我们只能向孙权求救了。"于是刘备派诸葛亮去见孙权。

三国

诸葛亮一见孙权，就开门见山地劝说他联合刘备，共同抵抗曹操。孙权犹豫不决。这时，曹操派人给东吴送来了战书，说自己率领了八十万大军，要和孙权决一死战。以张昭为首的一帮文臣一听都吓坏了，纷纷劝说孙权投降。孙权一时拿不定主意，只好召回大将军周瑜，商量该怎么办。

周瑜义愤填膺地说："曹操名义上是汉朝丞相，其实是汉室奸贼。这次是他自己来送死，哪有投降的道理！"接着，他又说："曹操的八十万大军只是个嚛（xué）头

周瑜

三国时期东吴名将，二十四岁就被孙策拜为中郎将，因此东吴人都称他"周郎"。

而已，其实只有二十万，其中还有不少是从荆州收编的兵士。而且曹军兵士大部分是北方人，根本不擅长水战。再加上长途跋涉，来到南方，肯定会有很多人因为水土不服而生病，这样战斗力又会大大下降。因此，只要您拨给我几万精兵，我一定能够打败曹操！"

孙权听了周瑜的一番话，拔出宝剑，"噌"的一声，砍去了桌案的一角。他严厉地说："谁要再提投降，就跟这张桌案一样！"接着他立刻任命周瑜为都督，拨给他三万水军，让他联合刘备，共同抗曹。

周瑜的军队在赤壁（今湖北省武汉市赤矶山）和曹操的军队相遇。果然不出周瑜所料，这时曹操的好多兵士因为水土不服，已经生了病。双方初次交锋，曹操就吃了败仗，只好撤退到了长江北岸。周瑜的军队驻扎在南岸，两支军队隔江遥遥相望。

相关故事

饮醇自醉

　　周瑜为人豁达，因此东吴的大臣们都喜欢和他交往，只有程普对他不满意。程普也是东吴的名将，他看到周瑜年纪轻轻，地位却超过了自己，心里非常不服气，常常当着大家的面给周瑜难堪。对此，周瑜处处克制、事事谦让，始终不跟程普计较。周瑜的谦逊和忍让，终于打动了程普。最后程普抛弃了偏见，非常敬佩周瑜，他常常对别人说："和周公瑾交往，就像喝美酒一样，不知不觉就醉了。"

　　曹操的兵士大部分不识水性，船一颠簸，就会头晕呕吐。曹操只好让人用铁索把所有的战船连在一起，然后再铺上木板，这样就像在平地上一样。

三国

　　周瑜的部将黄盖看到这个情况，悄悄地对周瑜说："曹操的兵多，我们的兵少，一直拖下去对我们没有什么好处。现在曹操把所有的战船都连在了一起，我们只要用火攻，就一定可以速战速决。"他的这个想法和周瑜不谋而合。两人又商量了一下，让黄盖给曹操写了一封信，假装要投降曹操。

这一天，刮起了东南风，黄盖派人告诉曹操，自己要来投降。曹操的将士们听了，都挤在船头看热闹。只见东吴的船只从江心开了过来，越来越近……这个时候，突然发生了一件让人意想不到的事情：前面的十几条大船霎时着了火，像十几条火龙一样直冲过来。大家还没有明白怎么回事儿，营寨已经变成了一片火海。曹操的兵士有的被烧死了；有的掉进水里，被淹死了……八十万大军一时所剩无几。曹操收拾残兵败将，从华容（今湖北省潜江县西南）道逃走了。

经过这场大战，曹操失去了统一天下的实力。至此，三国鼎立的局面基本形成。

周瑜精通音律，他听人演奏的时候，曲子只要有一点儿错误，就一定瞒不过他的耳朵。每次发现错误时，他都会看一眼演奏者，微微一笑，提醒演奏的人错音了。因此吴地有两句歌谣："曲有误，周郎顾。"

知识链接

司马懿装病篡权

司马懿凭借装病，使得曹爽放松了警惕，最终夺取了政权。对于他的这种做法，你怎么看？

诸葛亮死后，蜀汉国力日渐衰微，魏国的势力又趁机强大了起来。公元239年，魏明帝曹睿（ruì）得了重病，临死的时候把大臣司马懿（yì）和曹爽叫到病榻前，叮嘱他们一定要尽力辅佐年仅八岁的太子曹芳。

司马懿出身大士族（指世代为官的名门望族），足智多谋，先后在曹操和曹丕手下担任过要职。到了魏明帝时，司马懿已经是魏国的元老。因为他长期带兵在关中跟蜀国打仗，所以魏国兵权大部分落在了他的手里。

魏明帝死后，太子

> **司马懿**
>
> 三国时期魏国杰出的政治家、军事家，后期掌控魏国朝政的权臣。其孙司马炎称帝后，追封他为宣皇帝。

曹芳即位，即魏少帝。魏少帝封曹爽当了大将军，封司马懿当了太尉。曹爽虽然出身皇族，可是才能、资历都没法和司马懿相提并论，所以只好处处敬让司马懿，一遇到事情就去向他请教。

时间一久，和曹爽亲近的一帮心腹大臣看不下去了，他们觉得曹爽的这种做法似乎有点太软弱了，是和别人共享自己的权力。于是他们开始帮曹爽出谋划策，最后想出了一个自以为天衣无缝的办法：用魏少帝的名义提升司马懿为太傅，以此来夺去他的兵权。对此，司马懿心知肚明，可他却装聋作哑，似乎一点都不在意。后来，他干脆借口自己年老多病，连朝也不上了。

相关故事

傅粉何郎

三国有个叫何晏的人，才华出众，容貌俊美，他的面容细腻洁白，因此魏明帝经常疑心他脸上搽了粉，想查看一下。当时正好是夏天，魏明帝派人请他来吃热汤面。不一会儿，何晏便大汗淋漓，只好撩起衣服擦汗。可他擦完汗后，脸色显得更白了，明帝这才相信他确实没有搽粉。

三国

曹爽大权独揽，春风得意，可是一想到司马懿，总是有一种如芒在背的感觉。有一次，他的心腹李胜被任命为荆州刺史，要去司马懿家辞行，曹爽悄悄嘱咐他借机打探虚实。

司马懿一听说李胜要来辞行，一下子就猜出了他的来意。立刻吩咐下人把他带进自己的卧室来。

李胜进了司马懿的卧室，只见司马懿躺在床上奄奄一

息，旁边站着两个丫鬟（huan）伺候他喝粥。他连端起饭碗的力气都没有，只是把嘴凑到碗边喝。没喝几口，他就气喘吁吁。这时，粥沿着他的嘴角流了下来，弄得衣襟（jīn）上到处都是。

李胜回去后把司马懿的病情如实禀报给了曹爽。曹爽听了，高兴地说："看来这个老家伙真的活不了多久了，我从此可以高枕无忧了！"

公元249年的一天，魏少帝曹芳带着曹爽以及所有的大臣去祭拜祖先。这时，没有一个人想起司马懿。可是出人意料的是，他们前脚刚出城门，司马懿的病就好了。他穿戴好盔甲，带着两个儿子迅速占领了城门和兵库。接着又假传太后诏令，废除了曹爽大将军的职务。

曹爽得到消息后，目瞪口呆，不知道该怎么办才好。有人劝他招集兵马，挟持魏少帝退到许都，和司马懿对抗，可是曹爽哪有这个胆量。他乖乖地交出了兵权，投降了司马懿。

可是没过多久，就有人告发曹爽要谋反。司马懿立刻将曹爽和他的同党关进监狱处死了。从此，魏国的大权便落到了司马氏的手中。

　　曹操当政的时候，征召司马懿出来做官。司马懿嫌曹操出身低微，但是又不敢得罪曹操，就假装得了风瘫病。曹操不相信，派了一个刺客深夜闯进司马懿的卧室去察看，看到司马懿果然直挺挺地躺在床上。刺客不相信，拔出佩刀，装作要劈下去。可是司马懿只是瞪着眼望着刺客，身体纹丝不动。

知识链接

两晋、南北朝

王濬楼船破东吴

王濬为伐吴，做了整整七年的准备，最终取得了胜利。说一说你从这个故事中学到了什么？

公元263年，司马懿的儿子司马昭派兵攻打蜀国，汉后主刘禅投降。没过多久，司马昭就病死了。公元265年，他的儿子司马炎废掉了魏元帝曹奂（huàn），建立了晋朝，自己当了皇帝，即晋武帝。原本三足鼎立的魏、蜀、吴，仅仅剩下东吴一国。

这个时候的东吴早已衰败，新即位的皇帝孙皓（hào）性情凶残，是出了名的暴君。他不仅尽情享乐，还常常用残酷的刑法来镇压臣民，全国上下没有一个人不恨他。

当时，晋朝的名将

王濬

西晋时期的名将。他多谋善战，历经七年训练出了一支强大的水军，在灭吴战争中起了关键的作用。

羊祜（hù）一直在筹谋伐吴，他向晋武帝举荐了
王濬，说王濬这个人很有才能，可堪重用。于是
晋武帝任命王濬做了益州刺史。王濬到益州后，
开始积极为伐吴做准备，他研造了七年战船，制
造出了一批能够容纳两千多人的大船。大船
周边用木头做出城墙，船上修建了城楼和望
台，人站上去可以四处瞭望。这种船规模之
大，在当时可以说是空前绝后，因此也被人
称作"楼船"。

势如破竹

在西晋灭吴战争中，大将军杜预率领大军，眼看就要攻到建业了。当时是夏天，有人担心长江水势暴涨，认为等到冬天进攻更有利。杜预坚决反对退兵，他说："现在将士们士气高涨、斗志正旺，就好比用快刀劈竹子一样，劈过几节后竹子就迎刃破裂，正是一举击破吴国的大好时机！"随后，杜预率领大军直冲建业，不久就灭了吴国。

公元280年，晋武帝下令正式开始伐吴。王濬率领着水军，驾驶着楼船沿着长江顺流而下，声势浩大。吴主孙皓一听慌了神。这时，有一个名叫岑昏的宦官，深受孙皓宠信。他对孙皓说："我们江南有的是铁，您可以让人锻造一些铁链，横铺在长江上，这样晋国的战船就没有办法通过了。"孙皓觉得这是一个好主意，立刻命人在长江上布满了铁索，以为从此就可以高枕无忧了。

王濬的楼船行进到秭（zǐ）归（今湖北省秭归县）的时候，受到了江中铁索的阻挡，停滞不前。对此，王濬没有惊慌，他吩咐手下人造了几十只大木筏，每个木筏上都布满火炬。每支火炬都灌足了麻油，一点就着。他让这些装着大火炬的木筏行驶在战船前面，一遇到铁链，立刻点燃木筏。这时，木筏就会燃起熊熊大火，时间一长，那些铁链都被烧断了。

这样长江上的障碍全被清除掉了，王濬的楼船顺流直下，直逼建业（今江苏省南京市）。孙皓看到大势已去，只好脱下了上衣，让人反绑了自己的双手，率领文武百官向王濬投降。

就这样，三国鼎立的时代结束了，中原又得到了短暂的统一。

王濬担任巴郡太守的时候，巴郡的老百姓苦于征战，只要生了男孩，都统统遗弃掉。王濬听说后，制定了新的法规，规定养育子女的百姓，可以免除徭役，这样数以千计的男婴存活了下来。讨伐东吴的时候，王濬先前在巴郡所保全的男婴，都到了服兵役的年龄，他们的父母都劝勉从军的儿子说："当初是王府君（即太守）保住了你们的性命，现在千万不要贪生怕死啊！"

知识链接

八王之乱

 "八王之乱"长达十六年，生灵涂炭、民不聊生。说一说，引发这次战乱的主要原因是什么？

晋武帝司马炎称帝后，时刻反思自己，他觉得曹魏的灭亡，是因为没有分封皇室子弟为诸侯王。所以，他一登基就效仿西周时期的"分封制"，大肆封赏司马氏族人，前前后后一共封了五十七个同姓王。

这些诸侯王不仅有自己的封地，还有自己的军队。晋武帝以为有这么多亲属子弟支持皇室，司马氏的统治就可以固若金汤。然而他过分推崇同姓之间血浓于水的亲情，为后来的动乱埋下了祸根。

公元290年，晋武帝驾崩，他的儿子司马衷即位，即晋惠帝。晋惠帝是历史上出了名的白痴皇帝，当时的大权掌握在汝南王司马亮和外戚杨骏手中。可是不久，杨骏利用阴谋诡计排挤了司马亮，自己大权独揽。

虽然晋惠帝是个白痴，可他的皇后贾南风却是一个心狠手辣的人。她不甘心让杨骏操纵政权，于是秘密派人跟汝南王司马亮和楚王司马玮（wěi）联络，要他们带兵进京，讨伐杨骏。

公元291年，楚王司马玮带着兵马从荆州进京，杀死了杨骏以及他的党羽。没过多久，汝南王司马亮回到了京城，继续辅政。这个时候，司马亮想要独揽大权，可是兵权却在司马玮的手中。就这样，两个人闹起了矛盾，渐渐到了水火不容的地步。

皇后贾南风觉得汝南王司马亮是自己夺取权力道路上的障碍，就背地里偷偷授意楚王司马玮，让他杀了司马亮。司马亮死后，贾南风又害怕司马玮的势力日渐强大，当天晚上又伪造诏书，以擅自杀害朝廷重臣的罪名，处死了司马玮。

从此以后，贾南风大权独揽。她把持朝政长达八年，骄横跋扈，声名狼藉。当时的太子名叫司马遹（yù），因为不是贾南风亲生的，所以贾南风千方百计想要除掉他。

有一天，贾南风

贾南风

西晋时期晋惠帝的皇后。她为人狠毒，擅长玩弄权术，是"八王之乱"的罪魁祸首。

请太子喝酒，当太子喝得昏昏沉沉的时候，她突然命人拿出一封书信让太子抄写。第二天，贾南风让晋惠帝召集朝臣，把信拿出来给大家看，竟然是一封逼迫晋惠帝退位的谋逆信。大臣们一看都傻了眼，虽然有人怀疑是伪造的，可是的确是太子的笔迹，证据确凿，谁也不敢多说什么。

就这样，太子被废黜（chù）了。朝中大臣对贾南风的这一做法非常不满，私下里议论纷纷。赵王司马伦趁机散布谣言，说大臣们要扶植太子复位。贾南风听到后，立

刻派人把太子毒死了。这样一来，司马伦抓住了把柄，他借口给太子报仇，于是带兵闯进宫中，把贾南风抓了起来。一向擅长玩弄阴谋诡计的贾南风，这次也落入了别人的圈套。

司马伦杀了贾南风，并且铲除了她的党羽，自己当起了皇帝。各地诸侯听到司马伦做了皇帝，纷纷跃跃欲试，都想过一把做皇帝的瘾。他们随即展开了一场又一场的厮杀，致使全国上下陷入了一片混乱之中。

相关故事

狗尾续貂

司马伦当上皇帝后，为了笼络朝臣，稳固自己的势力，于是大肆封赏文武百官，甚至连听差的奴役都给加封了爵位。像皇帝左右的侍中、散骑、常侍之类的高官，当时规定只能有四位，可司马伦当皇帝时竟然达到了近百人，官员人数之多，到了泛滥成灾的地步！那个时候，朝廷官员戴的官帽上面都用貂尾做装饰。由于司马伦封的官实在太多了，官库里收藏的貂尾不够用，只好找些狗尾巴来凑数。所以，民间就编了歌谣来讽刺他们，叫作"貂不足，狗尾续"。

参加这场混战的有赵王司马伦、齐王司马冏（jiǒng）、成都王司马颖、河间王司马颙（yóng）、长沙王司马乂（yì）、东海王司马越。加上已经被杀的汝南王司马亮、楚王司马玮，一共有八个诸侯王，历史上称之为"八王之乱"。

　　"八王之乱"一直持续了十六年。到了公元306年，八王中只剩了东海王司马越，他干脆毒死了晋惠帝，扶持晋惠帝的弟弟司马炽（chì）做了皇帝，司马炽即晋怀帝。这时，虽然名义上的皇帝是司马炽，实际上权力都掌控在了司马越手中。

　　晋惠帝司马衷在位的时候，有一年闹灾荒，老百姓没饭吃，到处都有饿死的人。有人把情况报告给司马衷，没想到司马衷却说："没有饭吃，他们为什么不吃肉粥呢？"这人听后，哭笑不得。灾民们连饭都吃不上，哪里来的肉粥呢？

知识链接

匈奴贵族刘渊称帝

读完这个故事，说一说，你认为刘渊是个什么样的人？你支持他吗？

汉朝末年，一部分匈奴人开始向中原迁徙。他们和汉人相处久了，逐渐接受了汉族的文化。这个时候的匈奴贵族认为自己的祖先多次同汉朝和亲，是汉朝皇帝的亲戚，所以就把自己的姓氏改成了刘。刘渊就是其中之一。

刘渊是著名的匈奴首领冒（mò）顿（dú）单于的后代，他从小就喜欢阅读汉人的书籍，经史子集无所不通。这对于一个匈奴人来说，已经是难能可贵了，然而刘渊读书并不是不求甚解，而是喜欢带着问题去思

刘渊

匈奴人，匈奴首领冒顿单于的后代。十六国时期汉赵政权的开国皇帝。在位六年，谥号光文皇帝，庙号高祖。

两晋、南北朝

233

索。他对一起读书的同学说："我每次读史书，都忍不住要鄙视随何、陆贾这些人，他们虽有文才而缺乏武功，而周勃、灌婴虽有武功却又缺少文才。道义是由人来发扬光大的，自身的能力不全面，怎么能成大事呢？随何、陆贾遇上汉高祖这样的开国之君而不能够建立起封侯的功业；周勃、灌婴跟随在汉文帝左右又不能开创教化大业，真是太可惜了！"

在这种思想的指导下，刘渊在学习文化的同时，也专注于武功。他身材魁梧，力大无穷，据说能够拉开三百斤重的弓。晋武帝在位时，曾召见过刘渊，非常赏识他，对大臣说："刘渊的容颜、仪表，即使是春秋的由余、汉代的金日（mì）磾（dī）也不能高出他啊！"

八王之乱开始后，全国上下生灵涂炭，陷入一片混战之中。匈奴部落深受战乱之苦，他们的首领聚集在左国城（今山西省吕梁市离市区）商量对策。一个年长的部落首领说："我们匈奴贵族现在虽然有封号，却没有自己的土地，过得跟普通老百姓没有什么两样。现在晋朝发生内乱，自相残杀。这正是我们匈奴人恢复地位的大好时机啊！"大家都觉得他说的对，并且一致推举刘渊当单于。

闻鸡起舞

祖逖（tì）和刘琨都是西晋末年著名的将领，他们年轻的时候在一个衙门里供职。一天半夜，祖逖被鸡叫声惊醒，便推了推刘琨说："你听到鸡叫声了吗？"刘琨说："是啊，不过半夜鸡叫不吉利。"祖逖说："我不这么想，咱们以后听见鸡叫就起床练剑，怎么样？"刘琨欣然同意。于是他们每天鸡叫后就起床练剑。经过长期的刻苦学习和训练，他们终于成了文武双全的人才。

当时的刘渊在成都王司马颖的部下当将军，驻守邺（yè）城（今河南省安阳市北），专管五部匈奴军队。使者到邺城，把大伙儿的意思告诉刘渊，请他回来。刘渊非常乐意，就借口要回去安葬自己的父亲，可是司马颖没有批准。直到后来司马颖战败逃到洛阳，才同意刘渊回去带领匈奴兵马来助战。

公元304年，刘渊回到左国城，被大家推举为大单于。刘渊觉得灭掉晋朝就像摧枯拉朽一样容易，可是要赢得中原百姓的支持却很难。于是他对部下说："汉朝立国的年代最长，在百姓中影响大。我既然是汉朝皇帝的外甥，如今汉室的大旗跌落，我得把它重新举起来。依我看，从今以后，我们就用汉朝的国号，远尊后主刘禅，这样也许能够赢得民心。"大家听了，都觉得是个好主意，于是就拥戴他做了汉王。

刘渊从此打起了反晋兴汉的旗号，很快攻下了上党、太原、河东、平原等几个郡，势力越来越大。公元308年，刘渊正式称帝，建都平阳（今山西省临汾市西南），集中兵力进攻洛阳，可是一连两次都没有成功。

公元310年，刘渊病死，他的儿子刘聪即位。刘聪派兵对洛阳发起了猛烈的进攻。公元311年，洛阳城破，晋怀帝成了阶下囚，不久就被刘聪杀掉了。

晋怀帝死后，长安的官员们又拥立了晋怀帝的侄子司马邺继承皇位，即晋愍（mǐn）帝。

公元316年，刘聪攻破长安。晋愍帝受尽凌辱后被杀。至此维持了五十二年的西晋王朝宣告灭亡。

西晋灭亡后，北方少数民族纷纷起义，建立政权。前前后后一共出现了十六个割据政权，历史上称之为"十六国"。

知识链接

司马睿建立东晋

说一说，你是如何看待"王与马，共天下"这一社会现象的？

刘聪攻破长安后，晋愍帝写下了一封密诏，秘密派人送到建康（今江苏省南京市），让镇守在建康的琅（láng）玡（yá）王司马睿继承王位。公元317年，司马睿正式登基，即晋元帝。他分封文武大臣，宣布定都建康，东晋正式建立。

司马睿

司马懿的曾孙，东晋的开国皇帝。在位期间过分依赖琅玡王氏等一些大士族的势力，导致大权旁落，因此当时人称"王与马，共天下。"

司马睿在西晋皇族中，地位和名望并不高。他刚到建康的时候，江南的一些大士族地主不怎么看得起他，也不来拜见他。幸好他有个朋友叫王导，王导出身于魏晋名门琅琊王氏，很受江南士族的敬仰。

　　为了稳固司马睿的地位，王导把堂兄王敦请到建康。王敦当时在扬州做刺史，手握重兵。这两个人一起商量了好久，想出了一个办法。这年三月初三，按照当地的风俗是禊（xì）节，百姓和官员都要到江边祈福。这一天，王导故意让司马睿坐上华丽的轿子，叫仪仗队在前面鸣锣开道，自己和王敦以及从北方来的官员、名士，一个个都恭恭敬敬地簇拥着轿子随行，组成一支声势浩大的队伍，缓缓向江边行进。

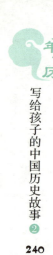

江南的士族们听到这个消息，都派仆人从门缝里偷偷张望。他们听说王导、王敦这些有声望的人都对司马睿这样尊敬，大吃一惊，生怕自己怠慢了司马睿，纷纷前去拜见司马睿。

相关故事

我不杀伯仁，伯仁却因我而死

王敦起兵后，王导带着王氏子弟跪在宫门前等候发落。这时好友周𫖮（yǐ）进宫，王导小声地对他说："伯仁（周𫖮，字伯仁），我全家一百多口性命，全靠你了。"周𫖮没理他，因此王导非常怨恨他。王敦总揽朝政后，问王导怎么处置周𫖮时，王导默不作声。于是，王敦便杀了周𫖮。后来王导发现了周𫖮极力为他辩白的奏章，痛哭流涕地说："我虽然没有杀伯仁，可伯仁却因我的不作为而死。我对不起这个朋友呀！"

接着，王导又劝司马睿不计前嫌，借机收罗人才。顾荣、纪瞻等大臣就是这时候被任用的。永嘉之乱后，北方的士族地主纷纷逃到江南来避难。王导又劝说司马睿把他们中间有名望的人都吸纳到王府来。司马睿听从王导的意见，前前后后选拔了一百多人。从此以后，司马睿在建康站稳了脚跟。

司马睿在王导的帮助下，既拉拢了江南的士族，又吸收了北方的人才，心里十分感激。他常常指着王导，对周围的人说："这就是我的萧何啊！"

司马睿正式登基的时候，王导带着文武百官向他叩头朝拜。这个时候，司马睿突然从御座上站了起来，拉王导上来和他一起接受朝拜。满朝文武全都惊得目瞪口呆，王导赶忙跪下说："这个不行呀！陛下您就好比是太阳，臣子和百姓就像是世间的万物。万物如果和太阳混在了一起，就感受不到阳光的普照了。"

司马睿听了十分高兴，就不再勉强，但是他十分信赖王导，大肆封赏王家子弟做官，不论大小事情都会找王导商量。这种行为被当时老百姓称为"王与马，共天下。"

西晋末年，晋朝的一大批朝臣士族以及平民百姓为了躲避战乱，渡过长江，向南方迁徙，历史上将这个现象称作"衣冠南渡"。

知识链接

 读完这个故事，请说一说苻坚是个什么样的人。换作是你，你会怎么做？

苻坚一意孤行

公元357年，氏（dī）族人苻（fú）坚建立前秦。公元376年，前秦灭掉了前凉等多个独立政权，统一了北方。这个时候，只有偏安江东的东晋，还没有被纳入前秦的版图中。于是，苻坚把东晋当作唯一的敌人，非把它消灭掉不可。

苻坚

前秦的开国君主。在位前期励精图治，重视农业，国富民强，统一了北方。淝水之战后，国家陷入混乱，各民族纷纷叛变独立，最终被羌人姚苌杀害。

苻坚最信任的大臣叫王猛，他认为前秦真正的敌人是鲜（xiān）卑（bēi）人和羌（qiāng）人，劝他不要进攻东晋。可是王猛一死，苻坚就把他的话抛到了脑后，反而派鲜卑贵族慕容垂和羌族贵族姚苌（cháng）率领大军，对东晋一连发动了几次试探性的进攻。

公元383年，苻坚自以为时机成熟，想要大举进攻东晋，一统天下。他召集群臣商议说："我登上王位，将近三十年了。现在北方已经平定，只有盘踞在东南的东晋还不肯臣服。我现在兵多将广，想要亲率大军伐晋，你们觉得怎么样？"

大臣们听了，认为讨伐东晋的时机还不成熟，纷纷表示反对。苻坚十分恼火，他呵斥大家退下，只留下了弟弟苻融。

他对苻融说："从古到今，国家大事总是靠一两个人来决定的。今天，大家议论纷纷，却没有议出个结果来。这件事还是咱们两人来决定吧。"

苻融说："我觉得大家说得有道理。我们的军队连年征战，兵士们早已精疲力乏，还是缓一缓吧！"

苻坚听了很不高兴，他说："没想到你也说这样的丧气话，真是太让我失望了！"

苻融看到苻坚一意孤行，非常担忧，他说："陛下难道忘记王猛的遗言了吗？况且京城里有这么多鲜卑人、羌人和羯（jié）人。您若离开长安远征，他们要是趁机发动叛乱，到时候后悔也来不及了。"苻坚听了默不作声，可还是没有改变主意。

一天，前燕贵族慕容垂求见，苻坚想要听一听他的看法，慕容垂说："强国灭掉弱国，大国吞并小国，这都是天经地义的事情。陛下这么英明，又有百万雄师，灭掉一个小小的东晋，当然不在话下了！陛下只要自己拿主意就可以了，何必去征求别人的意见呢？"

苻坚听了慕容垂的话，不由得眉开眼笑，说："看来能和我一起平定天下的，就只有你了！"说完，他立刻叫人拿来五百匹绸缎赏赐给慕容垂。

随后，苻坚不顾大臣、皇亲的劝阻，亲自率领八十多万大军向东晋进发。他派苻融、慕容垂充当先锋，又把姚苌封为龙骧（xiāng）将军，指挥益州、梁州的人马，准备攻晋。

相关故事

投鞭断流

苻坚企图征服南方的东晋王朝。他在全国大规模征兵，当有了八十多万大军时，他得意地说："东晋很快就会被我征服了。"可是，许多大臣都认为进攻东晋的时机还不成熟。有个名叫石越的大臣说："东晋有长江作为天然屏障，再加上百姓奋力顽抗，我们恐怕不能取胜。"苻坚听了，傲慢地说："长江天险有什么了不起，我们有这么多军队，大家即使把手里的马鞭子投到长江里，也可以把长江的水堵塞。有什么好担心的！"

慕容垂回到家中，偷偷跟两个侄子说："苻坚太骄傲自大了，看来这场战争是我们恢复燕国的好机会！"

符坚八岁的时候，一天，他突然向爷爷符洪提出想要请个先生教自己认字的请求。符洪说："我们这个民族从来只知道喝酒吃肉，如今你想求学，实在太好了。"于是欣然答应，第二天就给他请来了先生。符坚学习非常刻苦，潜心研读经史典籍，随着学识的不断增长而立下了经世济民、统一天下的远大志向。

知识链接

淝水之战

淝水之战是我国历史上又一个以少胜多的战役。说一说，在这场大战中，苻坚都犯了哪些致命的错误？

公元383年，苻坚亲自率领大军，浩浩荡荡地从长安出发，一路南下，想要一举歼灭东晋。仅仅一个多月，苻坚的主力部队就到了项城（今河南省沈丘县南）。

大兵压境，建康城里的晋孝武帝和文武官员都慌了神。这个时候，大家把希望都寄托到了一个人身上，这个人就是谢安。

谢安出身大士族，在当时名望非常大。大家都认为他是一个有才干的人。面对前秦大军，谢安临危不乱、镇定自若。他让弟弟谢石

谢安

东晋著名的政治家。在淝水之战中，谢安作为东晋一方的总指挥，以少胜多，打败了前秦军队，为东晋赢得了几十年的和平。

两晋、南北朝

担任大都督、侄子谢玄担任前锋都督，率领八万军队前往江北抗击秦兵。

虽然手下的兵士作战勇猛，可是以八万对抗八十万，谢玄有点底气不足。出发前，他特意去向谢安请教这一仗该怎么打。谁知道谢安听了，只是轻描淡写地说："放心去吧，我早就安排好了。"

谢玄还是不放心，又拜托他的好友张玄去谢安家打探虚实。谢安见了张玄，并不跟他谈论军事，而是邀请他下棋，下完棋又和一帮名士赏玩山景，直到天黑才回家。

晚上，他把谢石、谢玄等将领召集到自己家里，把每个人的任务一件件、一桩桩地交代得很清楚。大家看到谢安这样镇定自若，也都渐渐树立了信心。

在双方最初的几次交战中，前秦都占据了上风。捷报连连，苻坚更加骄傲了起来。他认为东晋的军队已经不堪一击了，于是就派东晋降将朱序去晋军大营劝降。

出乎苻坚意料的是，朱序见了谢石和谢玄就像见到亲人一样，不仅没有劝降，反而对他们说："苻坚发动了近百万大军攻打晋国，如果全部人马一集中，恐怕晋军就没有办法抵挡了。现在趁他们的人马还没到齐，你们赶紧发起进攻，打败他们的前锋，挫伤他们的士气，这样才有可能击溃秦军。"

谢石、谢玄两个人思来想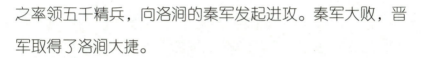
去，觉得实在没有更好的办
法了，于是采纳了朱序
的建议，决定突袭洛
涧（jiàn）（今安徽省
淮南市东淮河支流洛
河）。他们派名将刘牢
之率领五千精兵，向洛涧的秦军发起进攻。秦军大败，晋
军取得了洛涧大捷。

为了鼓舞士气，谢石、谢玄亲自率领大军，乘胜追
击，一直到了淝（féi）水（今淝河，在安徽省寿县南）东
岸，与秦军主力隔岸相对。由于秦军防守严密，晋军几次
想要渡河都没有成功。

谢玄非常着急，就派人给苻坚送了一封信，信上说：
"你们不远万里前来攻打我们，现在却在淝水边按兵不
动，这是要打仗的样子吗？如果你们还想打的话，就往
后让一让，腾出一块地方，让我们渡过淝水，双方决一死
战！你们现在还有这个胆量吗？"

苻坚看后，觉得要是不答应后撤，就相当于承认了
自己害怕晋军。于是，他马上召集秦军将领，说："他们
要我们让出一块阵地，我们就撤吧。等他们正在渡河的时

候，我们派骑兵冲上去，一定能把他们消灭。"

约定渡河的时间到了，苻坚一声令下，苻融就指挥秦军后撤。他们本来想杀一个回马枪，可是没想到兵士们大部分都厌倦了战争，一听到后撤的命令，撒腿就跑，再也不想停下来了。

谢玄率领八千多骑兵，趁势飞快地渡过淝水，向秦军发起猛攻。这时候，朱序在秦军阵后叫喊起来："秦兵败了！秦兵败了！"后面的兵士不知道前面的情况，只看到前面的秦军往后奔跑，也转过身跟着边叫嚷边逃跑。

相关故事

草木皆兵

洛涧失守后，苻坚有点害怕，他和苻融一起到寿阳城楼上去观察对岸形势。苻坚在城楼上一眼望去，只见对岸晋军一座座的营帐排列得整整齐齐，手持刀枪的晋兵来往巡逻，阵容严整威武。再往远处看，对面八公山上，隐隐约约不知道有多少晋兵。其实，八公山上并没有晋兵，不过是苻坚心虚眼花，把八公山上的草木都看作晋兵了。

苻融想要稳住阵脚，可是他的战马被逃兵冲倒，死在了乱军之中。苻坚一看情况不妙，赶紧逃走。晋军乘胜追击，秦军没命地溃逃，被挤倒的、踩死的兵士满山遍野都是。那些逃脱的兵士，把一路上听到的风声和空中的鹤鸣声，全都当成了东晋追兵的喊杀声，吓得不敢停下来。

　　晋军最后大获全胜。当捷报送到建康的时候，谢安正在下棋。他看完后，随手把捷报放在一旁。客人知道是前线送来的战报，就问他："前方的战事现在怎么样？"谢安面不改色，慢吞吞地说："那几个孩子把苻坚打败了。"

　　客人听了，高兴极了，想赶快把这个好消息告诉大家，就告辞了。谢安送走客人后，再也按捺不住自己喜悦的心情，跨过门槛的时候，连脚上木屐（jī）的齿碰断了都不知道。

　　经过这场大战，前秦元气大伤，苻坚逃回洛阳后，收拾残兵败将，发现只剩下十几万了。不出王猛所

料，鲜卑族的慕容垂和羌族的姚苌这个时候全部都背叛了前秦，分别建立了自己的国家——后燕和后秦。没过多久，苻坚也被姚苌杀掉了。

在一个寒冷的雪天，谢安把家人聚在了一起，跟晚辈谈诗论文。不一会儿，下起了大雪，谢安高兴地说："这纷纷扬扬的大雪像什么呢？"他的侄子谢朗说："像把盐撒在空中差不多。"他的侄女谢道韫（yùn）说："不如比作柳絮被风吹得漫天飞舞。"谢安听了，高兴地大笑起来。

知识链接

陈后主骄奢亡国

请大家讲一讲陈叔宝为什么会亡国呢？我国历史上还有哪些和陈叔宝相似的亡国之君呢？

淝水之战后，东晋获得了短短几十年的和平。公元420年，刘裕逼迫晋恭帝退位，建立了刘宋政权。东晋正式灭亡，我国进入了南北朝时期。南北朝是一个分裂的时代，以长江为界，分为南朝和北朝。南朝历经了宋、齐、梁、陈四个朝代，北朝则长期处在分裂混战之中。

从陈武帝陈霸先建立南陈王朝开始，北方的东魏、西魏已经分别被北齐、北周代替。北齐和北周互相攻战，到北周武帝时，灭掉了北齐，统一了北方。

周武帝宇文邕（yōng）是个比较有作为的皇帝，可是他的继承者周宣帝宇文赟（yūn）却是一个荒淫暴虐的人。周宣帝死后，他的岳父杨坚夺取了北周政权。公

两晋、南北朝

253

元581年，杨坚即位，建立隋朝，杨坚便是隋文帝。

这个时候，南陈的皇位传到了第五代皇帝陈后主的手中。陈后主名叫陈叔宝，他是个完全不知道如何处理国事，然而却对饮酒取乐很在行的人。陈叔宝爱好诗文，因此像尚书令江总这些朝廷命官也跟着附庸风雅，天天不理朝政和他一起饮酒、作诗、听曲。

南陈自从开国以来，宫殿里面的陈设都非常简朴。陈叔宝觉得实在太简陋了，这样会委屈了自己后宫中的美人儿，于是不惜花费大量的人力和物力，大兴土木，建起了临春、结绮（qǐ）、望仙三座楼阁。每座楼阁都有十几丈高，窗户、梁柱、回栏都是用名贵的沉檀木做成的，金碧辉煌，极尽奢华。搞得百姓们苦不堪言。

公元588年，隋文帝派他的儿子晋王杨广、丞相杨素担任元帅，以贺若弼（bì）、韩擒虎为大将，率领五十多万大军，兵分八路，准备渡江进攻南陈。

消息传到建康的时候，陈叔宝正和后妃、朝臣们饮酒作乐。他醉醺醺地说："江东是个福地，从前北齐、北周屡次来犯，都失败了。这次隋兵来，还不是一样来送死，没有什么可怕的。"

他的宠臣江总、孔范等人都附和着说："陛下说得太对了。我们有长江天险作为屏障，隋兵又不长翅膀，难道能飞得过来！"大家谈笑风生，根本不把隋兵进攻当作一回事，又照样叫歌女奏乐，每个人都喝得酩酊大醉。

公元589年，就在陈叔宝与朝臣们醉生梦死的时候，贺若弼、韩擒虎率领的隋军已经逼近了建康。当时城中虽然还有十几万兵士，可是大家都不知道该怎么指挥。陈叔宝急得哭哭啼啼，可是无济于事，于是隋军顺利地攻下了建康城。

隋军将士冲进皇宫后，发现陈叔宝不见了踪影。大家

两晋、南北朝

四处寻找，突然有个士兵发现后殿有一口枯井，井里隐隐约约好像有人。大家冲着井口高声呼喊时，井里的人却装聋作哑，一声不吭。于是兵士们只好威胁说："下面的人再不答应，我们就要扔石头了！"井里的陈叔宝这才赶忙求饶。兵士们把绳索丢进井里，把陈叔宝和他的两个宠妃拉了上来。

相关故事

全无心肝的陈叔宝

陈后主陈叔宝亡国后当了俘虏，却丝毫没有亡国之痛，依然每天吃喝玩乐、吟诗唱和。他几乎每天都喝得酩（mǐng）酊（dǐng）大醉，不省人事。不仅如此，后来陈叔宝竟对隋文帝提出要求说："我现在还没有官号，每次上朝，都没有办法和别人交谈，希望能够赐给我一个官号。"隋文帝听了，轻蔑地说："陈叔宝真是全无心肝啊！"

南朝的最后一个朝代南陈就这样灭亡了。我国自从公元316年西晋灭亡起，经过二百七十多年的分裂，又重新获得了统一。

《玉树后庭花》是陈后主陈叔宝所作的一首宫体诗。据说南陈灭亡的时候，这首诗正在宫廷中盛行，因此被后人誉为"亡国之音"。

知识链接

少年读历史

竹马书坊 —— 编著

写给孩子的中国历史故事

③

天津出版传媒集团

天津人民出版社

隋唐

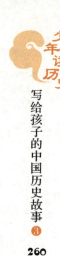
隋文帝勤俭治国

说一说，你眼中的隋文帝是个什么样的人？你还知道和隋文帝相关的故事吗？

　　隋朝的建立，结束了我国近三百年的分裂局面，华夏大地又一次进入了大统一。完成这次统一的君主——隋文帝，深知统一的来之不易，他以史为鉴，励精图治，一心想要把国家治理好。

> **杨坚**
>
> 　　隋朝的开国皇帝。他在位期间，一方面统一了分裂数百年的中国；另一方面大力发展文化经济，开创的"开皇之治"的盛世，使我国的农耕文明进入了辉煌。

　　隋文帝是个非常俭朴的人，据说他和皇后的衣服总是破了补，补了再穿，始终不舍得扔掉。不仅如此，他还反对皇亲、大臣奢侈浪费。即便是亲生儿子，照样严惩不贷。

隋文帝的第三个儿子名叫杨俊，在伐陈的时候立下了赫赫战功。杨俊认为自己是皇子，又有战功，于是一天天骄奢跋（bá）扈（hù）起来。他不仅指示手下人放高利贷，而且大兴土木，甚至模仿皇宫建造自己的宫殿：用国外进贡的香料涂墙，用美玉、黄金装饰地面……隋文帝发现后，非常生气，立刻下令罢免杨俊的官职，并且把他关了起来。

大臣杨素为杨俊求情，他对隋文帝说："以秦王（杨俊的封号）的过失，受到这样的惩罚有点太过严厉了。请您再考虑一下，从轻发落吧。"

相关故事

王伽以诚纵囚

隋文帝开皇时期，有个名叫王伽的小官，有一天奉了上级的命令，押解七十多名囚犯进京。按照当时的制度，犯人需要披枷带锁。他们一路跋山涉水，历尽千辛万苦才到了荥（xíng）阳，负责押送的差役们也都疲惫不堪。王伽看了很不忍心，就对他们说："你们虽然触犯了国法，但是披枷带锁确实太痛苦，我想给你们解开枷锁，咱们京城会合，能如期到达吗？"囚犯们既喜悦又感激，到了约定的日期，大家果然如期到达，没有一个人逃走。

隋唐

　　隋文帝说："皇子和百姓只有一个律法，照你的说法，岂不是还要另外制定一个'皇子律'？像周公旦那么宽厚的人，为了严明律法，都可以诛杀管叔与蔡叔，我和周公相比还差得很远呢。"

　　杨俊听说隋文帝拒绝了杨素的请求，又担心又害怕，于是病倒了。病中，他给隋文帝写了一封认罪书，请求宽恕。隋文帝对送信的人说："你回去告诉杨俊，我艰苦创业，都是为了他们，希望大隋的基业能够千秋万代地传下去。他是我的儿子，却要断送杨家的天下，我都不知道该

怎样责备他了！"

杨俊看到父亲不肯宽恕自己，心里整天惶恐不安，没过几天就病死了。隋文帝虽然非常悲痛，但还是吩咐把杨俊奢侈华丽的遗物全部毁掉。杨俊的幕僚请求给杨俊立碑，隋文帝不同意，他说："想要留名，在史书上记一笔足够了，又何必立碑呢！如果子孙不能保全家业，那碑石不过白白地送给人家作盖房子的基石罢了。"

隋文帝虽然对皇子、大臣要求严格，但是对老百姓却比较宽和。他认为律法太苛刻，百姓就会反抗；律法和缓，百姓就会受到感化，自己的统治才能稳固。因此，他下令制定了新的律法《开皇律》，废除了前朝的许多残酷刑罚。规定如果百姓有冤情，本地官员不受理，可以直接向上一级禀告，甚至可以直接告到朝廷。由此可见，隋文帝是开创百姓告御状的第一人。

隋文帝在位期间，由于广大农民辛勤劳作，再加上他勤俭持政，只过了二十几年，隋朝的经济就繁荣起来了。粮仓里都装得满满的，据说一直到隋朝灭亡以后二十多年这些粮食还没有用完。

因为隋文帝的开国年号是"开皇"，因此这个时期呈现出的繁荣景象被称为"开皇之治"。

隋文帝非常关心百姓疾苦，史书上说他"人间疾苦，无不留意。"公元594年，关中大旱，隋文帝派人去查看老百姓当时吃些什么，结果看到他们带回来的是豆渣和杂糠。隋文帝对着大臣们痛哭流涕，下令饥荒期间，把自己饮食中的酒肉全部减免掉。

知识链接

隋炀帝开凿大运河

隋炀帝是我国历史上有名的暴君。有人说他只是暴君，却不是昏君，你怎么看？

隋炀（yáng）帝杨广是隋文帝杨坚的第二个儿子，他年轻的时候仪表堂堂，聪慧过人。年仅二十岁就担任了伐陈大军的统帅，立下了赫赫战功，深受隋文帝的宠爱。

不过，当时的太子是杨广的哥哥杨勇。杨勇为人率意任情，生活奢侈，喜欢讲究排场。对此，隋文帝很不满意，经常教训他："自古以来，凡是喜欢奢侈生活的帝王，国运都不会长。你是太子，要特别注意节俭啊！"

杨广听到后，便在隋文帝面前装出十分俭

> **杨广**
>
> 历史上有名的暴君。在位期间，滥用民力，频繁发动战争，导致各地起义不断爆发。最后被宇文化及带领的叛军缢（yì）杀在江都。

隋唐

朴的样子。有一次，隋文帝来到杨广的府邸，看到乐器的琴弦大多断绝，上面又蒙上了一层厚厚的灰尘，好像很久都没有使用过，以为杨广不喜欢歌舞艺伎，非常赞赏他。后来，杨广进一步伪装自己，终于骗取了隋文帝的信任，被立为太子。

公元604年，杨广即位，他是隋朝最后一位皇帝，也是我国历史上有名的暴君。他在位期间，穷奢极欲，不仅每年都要巡游，而且喜欢在全国各地搜寻嘉木异草，奇材怪石，以供自己寻欢作乐。

当时江南地区不仅风光秀美，而且物资丰饶，为了能把江南的物资搬运到北方，同时又可以轻松到各地游玩。公元605年，隋炀帝下令开凿大运河。

他先是派大臣征发河南、淮北两地百姓一百多万人，从洛阳西苑到淮水南岸的山阳（今江苏省淮安市），开通一条运河，叫通济渠；又征发淮南百姓十多万人，从山阳到江都（今江苏省扬州市），把春秋时期吴王夫差开凿的一条名叫邗（hán）沟的运河疏通。这样一来，就把淮河和长江连接了起来，从洛阳到江南的水路交通便利得多了。

此后的五年里，隋炀帝又连续两次征发百姓，开凿、疏通运河。一条是从洛阳的黄河北岸到涿郡（今河北省涿州市），叫永济渠；另一条是从京口（今江苏省镇江市）

到余杭（今浙江省杭州市），叫江南河。最后，又把四条运河连接起来，形成了一条贯通南北，全长五千余里的京杭大运河。大运河是世界上最长的运河，也是世界上开凿最早、规模最大的运河。它是我国古代劳动人民创造的一项伟大的水利工程，当然也是数以万计的百姓用汗水乃至生命换来的。

楼台牡丹

相传有一天，隋炀帝带着后宫嫔妃登上玉凤楼观赏牡丹，看到牡丹盛开，大家十分开心。可是有一名妃子却说："牡丹贵为花中之王，可是楼太高了，看不清楚，真是辜负了这国色天香啊！"隋炀帝一听，立刻叫来全国各地的花匠，命令他们栽种和楼台一样高的牡丹。有个来自山东曹州的花匠，他把牡丹嫁接在高高的香椿树上，结果成功了。牡丹昂然怒放，高过了楼台，隋炀帝非常开心，称其为"楼台牡丹"。可是一个宦官贪功非说这"楼台牡丹"是他培育出来的，隋炀帝赏给这个宦官许多黄金和绸缎。山东花匠气极了，回家后发誓再不干这一行，从此培育楼台牡丹的绝技便失传了。

隋唐

运河刚开通，隋炀帝就迫不及待地带着皇后、嫔妃、大臣等，组成了一支二十余万人的队伍，浩浩荡荡地到江都巡游。庞大的船队在运河中排开，前后竟然有二百里长。八万多个民工专门负责为船队拉纤。隋炀帝又下令，船队所到之处，两岸百姓都要向他"献食"以示尊敬。老百姓进献的山珍海味不计其数，吃也吃不完。

　　隋炀帝在位十四年，四处巡游就达到了十一年。运河开通后，他光江都就巡游了三次。每次巡游，隋炀帝都

一路欢歌，百姓却怨声载道。隋文帝励精图治所创建的大隋，在隋炀帝的肆意挥霍中逐渐变得风雨飘摇。

隋炀帝开凿大运河，据说先后征发了三百六十余万名百姓，因为劳动繁重，惨死在运河工地上的竟然达到二百五十万之多，这对于当时的百姓来说无疑是一场巨大的灾难。然而，大运河开通后，作为我国南北交通的大动脉，确实为交通、经济和文化的繁荣与发展起到了积极的作用。

知识链接

隋唐

李渊太原起兵

给周围的人讲一讲太原起兵的故事。说一说，在太原起兵中，李世民起了什么样的作用？

　　唐高祖李渊的出身非常显赫。他的祖父李虎，是西魏的柱国大将军（官名，职位在太尉之上）。他的姨母是隋文帝的独孤皇后，所以他和隋炀帝杨广是表兄弟。李渊七岁的时候，父亲就去世了，他承袭了唐国公的封号。隋文帝夫妇非常疼爱他，等他一成年就委以重任，连续提拔他做了好几个州的刺史（官名）。

　　隋炀帝末年，农民起义频频爆发。公元617年，隋炀帝派李渊出任太原留守，镇压农民起义。太原是隋朝的

李渊

　　唐朝的开国皇帝，出身北周贵族。在太原起兵，平息了各地农民起义以及割据势力，从而完成了全国统一的大业。

军事重镇，据说当时城中囤积的粮饷（xiǎng）十几年都用不完。为此，李渊暗暗自喜，对第二个儿子李世民说："'唐'这个地方是我的封地，所以太原才是我们真正的祖籍。现在我被派到这里，是上天给我的机会啊！"

李世民当时只有十八岁，可是胆识过人的他看到隋炀帝荒淫无道，认定隋朝必将走向灭亡，于是和好朋友刘文静、裴寂等人悄悄商量，想劝说父亲李渊起兵，可是一直找不到机会。

正在这个时候，突厥（我国古代北方民族之一）兵马进攻马邑（今山西省朔州市东北）。李渊派兵抵抗，可是接连吃了几个败仗。李渊担心这件事情让隋炀帝知道了，治他的罪，因此非常着急。李世民立刻抓住这个机会，分析时局，劝说李渊起兵。李渊听后吓了一跳，赶忙斥责道："你怎么能说出这种大逆不道的话呢？如果我去报官，你要被砍头的！"

李世民一点儿也不害怕，他十分淡定地说："父亲想要邀功请赏，请尽管去。儿子并不是那种贪生怕死的人！"

李渊深思熟虑了一番，觉得时机已经成熟。第二天，他对李世民说："我觉得你说的话也有道理。从现在起，是家破人亡，还是化家为国，就任凭你了！"

公元617年7月，李渊在太原正式起兵。随后，李渊带领儿子李建成、李世民以及三万兵马，从太原出发，挥兵南下，直指关中。因为当时隋炀帝远在江都，留守关中的兵力非常薄弱，再加上老百姓都认为他们是一支匡扶正义的义军，所以李氏父子所向披靡，同年的11月便攻入了长安。

李渊攻克长安后，为了笼络民心，宣布遥尊隋炀帝为太上皇，并拥立他的孙子杨侑（yòu）当了皇帝，即隋恭帝。

相关故事

屏雀中选

唐高祖李渊的皇后窦氏小时候聪明伶俐，才貌双全。她的父亲窦毅对她的母亲襄阳长公主说："这孩子才貌这样好，不能随便许婚，应当为她找个好丈夫。"于是窦毅在门前的屏风上画了两只孔雀，凡是有来求婚的公子，都给两支箭让他射，暗定谁射中孔雀的眼睛，就把女儿嫁给谁。前后求婚的有几十个人，都没能射中。李渊也去求婚，连发两箭，结果两支箭各射中一目。窦毅对此非常高兴，就把女儿许配给了李渊。

公元618年，隋炀帝在江都被部将缢杀的消息传到了长安，李渊便迫不及待地将隋恭帝赶下台，自己登基做了皇帝，改国号为"唐"。一个千百年来使无数中国人引以为豪的时代从此开启。作为唐朝的开国之君李渊，后世尊他为唐高祖。

隋唐

273

隋炀帝即位后，洛阳街头曾出现"李氏当为天子"的民谣，因此李渊受到了隋炀帝的猜忌。为了明哲保身，他只好用酗酒、收受贿赂等自污的方式来保命。

知识链接

兵变玄武门

给你周围的人讲一讲"玄武门之变"这个故事。你是如何评价这次事变的?

　　唐高祖李渊即位后,将大儿子李建成立为太子,另外的两个儿子李世民和李元吉分别封为秦王和齐王。其中,秦王李世民在起兵反隋中的功劳最大。

　　李世民不但有勇有谋,而且广纳天下贤才。在当时的秦王府中,文有房玄龄、杜如晦(huì)等十八学士;武有尉迟敬德、秦叔宝、程咬金等骁(xiǎo)勇善战的勇将,称得上是人才济

李世民

　　即唐太宗,我国历史上最开明的君主之一。年少从军,在唐朝的统一中立下了赫赫战功。在位期间,对内以文治天下,国泰民安,开创了"贞观之治"的盛世;对外开疆拓土,四方悦服,被各族人民尊称为"天可汗"。

隋唐

275

济。太子李建成知道自己的战功和威信都比不上李世民，因此十分忌惮（dàn）他，于是联合齐王李元吉，一起排挤李世民。

李渊晚年，后宫的嫔妃非常多，一连生了近二十个小皇子。小皇子的母亲们看到李渊年事已高，因此争相结交年长的皇子来巩固自己的地位。李建成和李元吉呢？也顺水推舟，经常拿一些奇珍异宝来讨好这些宠妃。然而李世民从来不这样做，所以嫔妃们在李渊面前总是夸赞李建成、李元吉，诋毁李世民。

由于母亲太穆皇后很早就过世了，李世民每次在宫中侍奉李渊宴饮的时候，看到满座妃嫔时总会想起母亲，为她没有能够看到父亲坐拥天下而叹息流泪。李渊看到后很不高兴。嫔妃们于是趁机对李渊说："秦王每次宴饮总是一个人流泪，实际上是憎恨我们，陛下百年后，他肯定容不得我们孤儿寡母。"一边又都哭着说："皇太子仁爱孝顺，如果陛下把我们托付给皇太子，一定会相安无事的。"时间久了，李渊渐渐疏远了李世民，对李建成和李元吉日益亲近起来。

虽然李渊疏远了李世民，但由于李世民仍然手握重兵，李建成和李元吉几次三番想要加害他，阴谋都没能得逞。就在李建成和李元吉一筹莫展的时候，机会来了，突厥突然进犯中原。李建成向唐高祖李渊建议让李元吉带兵北征。李元吉做主帅后，又请求把尉迟敬德、秦叔宝、程咬金三员大将和秦王府的精兵都归他指挥。他们打算把这些将士调走以后，借机除掉李世民。

相关故事

牛角挂书

李密是隋朝末年瓦岗军的首领。有一回，他骑着一头牛出门看朋友。为了不耽误读书，他把《汉书》挂在牛角上，边走边看。半路上正好碰到越国公杨素。杨素看到这小伙子这样好学，非常吃惊，于是问他："你是哪儿的书生，学习这样用功啊？"

李密认识杨素，赶紧跳下牛背给他施礼。杨素又问他读的什么书，李密说："《项羽传》。"交谈中，杨素发现李密是个人才。杨素回家后，对儿子杨玄感说："我看李密的学识、才能和气度，比你们兄弟几个强得多。"于是，杨玄感便结交了李密，两人成了好朋友。

隋唐

李世民得到消息后，赶忙找来长孙无忌和尉迟敬德等人商量对策。长孙无忌等人劝李世民先发制人。李世民摇着头说："骨肉相残，我实在不忍心。我打算等他们动手后，再讨伐他们。"

这时，尉迟敬德站出来说："祸事马上就要发生了，您却一点儿都不担忧。如果您不肯采用我们的主张，我就逃到荒野草泽中去，决不留在秦王府任人宰割！"其他部下也纷纷表态。李世民看到大家态度十分坚决，就下定了决心。

公元626年6月的一天，李世民命令长孙无忌和尉迟敬德带了一支精兵，埋伏在皇宫北面的玄武门，等待李建成、李元吉进宫。没多久，两人就骑马朝玄武门走来。可是到了玄武门外，他们觉得气氛有点反常，两人立刻拨转马头，准备回去。

这个时候，李世民在后面一边大声喊着"皇兄，慢走"，一边骑着马追了过来。李元吉立刻转身朝李世民射箭，可是因为太紧张，连发三箭都没有射中他。然而李世民眼疾手快，只发一箭，就射死了李建成。李元吉后来也被李世民的部下射杀了。这就是历史上有名的"玄武门之变"。

不久，唐高祖李渊便下诏退位，秦王李世民即位，史称

唐太宗，改年号为"贞观"，从此开始了他辉煌的帝王生涯。"玄武门之变"这样的一场骨肉相残，成了"贞观之治"的起点。

房玄龄和杜如晦都是李世民的宰相。房玄龄擅长给李世民出主意，即使同一个问题，他也能想好几个主意，李世民也不知道采用哪个好。这时候杜如晦就会将房玄龄的主意加以分析，从中选出最适用的一个办法，让李世民采用。因此，这种行为被人称为"房谋杜断"。

知识链接

魏征直言进谏

都说魏征的直言进谏和唐太宗的从谏如流是分不开的。你觉得对吗？说一说你的看法。

　　唐太宗李世民在位期间，有个大臣以敢于直言进谏（jiàn）而闻名于世，他就是魏征。魏征原本是太子李建成的部下，曾经担任过太子洗（xiǎn）马（官名）。玄武门之变后，李建成被杀。有人向李世民告发，说魏征跟随李建成的时候，常常给他出主意，以图谋害李世民。

魏征
　　我国历史上最负盛名的谏臣。辅佐唐太宗开创了"贞观之治"的大业，被后人称为"一代名相"。

　　唐太宗李世民派人把魏征找来，怒气冲冲地问他："你为什么要离间我们兄弟之间的关系呢？"

　　魏征从容不迫地

隋唐

说："只可惜太子那个时候没有听我的话，要不然就不会有今天了！"唐太宗李世民看他说话直爽，没有丝毫的隐瞒，于是赦免了他，让他留下来继续做官。

后来因为魏征直言敢谏，唐太宗非常看重他，便提拔他做了谏议大夫（古代官职），遇到事情经常找他商量，叫他提一些意见。只要唐太宗有不对的地方，魏征就当面批评，有时候甚至让他下不了台。

有一次，唐太宗听从一个大臣的建议，决定让十八岁以上的男子去服兵役，但是魏征不同意。按照当时的规定，皇帝的敕令需要谏议大夫签名才能生效。唐太宗只好问他："你为什么不同意这么做呢？"

魏征说："我们大唐律法规定'男子二十岁当兵，六十岁可免'，怎么能随意更改呢？"

唐太宗非常生气，于是大声斥责道："你实在是太顽固了！"

魏征一点儿也不退让，他说："陛下，把河水放光了去捕鱼，的确能捕到很多鱼，可是明年就没有鱼了；烧毁了森林去打猎，的确会打到很多猎物，可是明年就没有飞禽走兽了。如果十八岁以上的男子都去当兵了，那么赋税徭役向谁征收呢？"唐太宗这才恍然大悟，收回了命令。

魏征直言不讳，多次向唐太宗当面进谏，他每次进谏都坚持原则，据理力争，甚至到了令唐太宗难以忍受的程度。

有一次，魏征在朝堂上和唐太宗争得面红耳赤，退朝后，唐太宗憋着一肚子气回到了后宫，对长孙皇后说："总有一天，我要杀了这个乡巴佬！"

看到唐太宗发这么大的火儿，长孙皇后赶忙问道：

"陛下想杀哪一个呢？"

唐太宗说："还不是那个魏征，他总是在朝堂上当众羞辱我，我实在是不能忍受他了！"

长孙皇后听了，默默地回到内室，换了一套朝服出来，向唐太宗行跪拜大礼。唐太宗感到莫名其妙，就问她："皇后这样是为了什么呢？"

长孙皇后说："我听说只有英明的天子，才能拥有正直的大臣。现在魏征这样正直，正说明陛下英明，我怎么能不向陛下祝贺呢！"唐太宗听了，立刻转怒为喜，继续厚待魏征。

公元634年，魏征因病去世。魏征死后，唐太宗非常伤心，并为此废朝五天。唐太宗经常对身边的侍臣说："用铜当作镜子，可以端正自己的衣冠；用历史当作镜子，可以知晓兴衰更替；用人当作镜子，可以看清得失。我经常用这样的方式防止自己犯错。魏征去世后，我从此少了一面镜子。"

当然，魏征的直

言敢谏，也和唐太宗闻过则喜、从谏如流的气度是分不开的。正是由于唐太宗重视人才，能够采纳大臣们的建议，所以唐朝初期出现了经济繁荣的景象。因为唐太宗的年号为"贞观"，历史上把这个时期称作"贞观之治"。

相关故事

魏征与醋芹

魏征总是在朝堂上提意见，有一天，唐太宗问身旁的大臣："魏征整天板着脸，不知道有没有什么能够让他动心的东西？"有人说："魏征喜欢吃醋芹。"

第二天，唐太宗请大臣们一起吃饭，故意赐给魏征三大盘醋芹。魏征吃得很开心，饭还没有动，装菜的器皿就见底了。唐太宗说："你看看，你总说自己没有什么嗜好，我今天终于看到了。"魏征讪讪地说："陛下您喜欢无为，我们做臣子的自然不敢有什么偏好，我也就好这一口醋芹罢了。"唐太宗听完，感慨了好久。

能够向唐太宗大胆进谏的大臣，除了魏征，还有一个名叫马周的人。马周的名气虽然不如魏征大，但经常向唐太宗直谏，要严明赏罚、勤俭节约等。

知识链接

一代女皇武则天

作为我国历史上唯一的女皇，历史上对武则天的评价向来褒贬不一。说一说，你觉得武则天是个什么样的人？

公元648年，唐太宗李世民驾崩，他的儿子唐高宗李治即位。虽然李世民是位雄才大略的皇帝，他的继承者李治却是一个软弱无能的人。于是权力渐渐掌控在了皇后武则天的手中。

武则天原本是唐太宗李世民的才人（嫔妃称号），她从小就聪慧机敏，胆识过人。据说她被征选入宫的时候，只有十四岁。由于后宫艰险无比，她的母亲非常担心却又无可奈何，分别时哭得很伤心。她劝慰母

武则天

我国历史上唯一的女皇帝。她明察善断，在位期间经济有了很好的发展。死后改称"则天大圣皇后"，以皇后的身份入葬乾陵，和她的丈夫唐高宗李治合葬。

隋唐

亲说："我进宫侍奉的是圣明的天子，也许是福分呢！何必像小儿女那样，哭哭啼啼的呢？"

唐太宗李世民在位的时候，有人进献了一匹宝马，名叫狮子骢（cōng）。据说这匹马神骏无比，能够日行千里，可是性情却非常刚烈，许多驯马高手都驯服不了它。

有一次，唐太宗带着嫔妃们去看那匹马，跟大家开玩笑说："你们当中有谁能制服它？"妃子们都默不作声，

只有武则天站出来，说："陛下，我可以！"

唐太宗非常诧异，问她有什么办法。武则天说："我只需要三件东西：铁鞭、铁锤和匕首。它要是不听话，就先用鞭子抽它；还不服，用铁锤敲它的头；如果还驯服不了，就用匕首砍断它的脖子。"

唐太宗驾崩后，武则天和唐太宗的其他嫔妃一起被送进了感业寺当尼姑。过了两年，唐高宗李治把她接回宫中，封她做了昭仪（嫔妃称号）。后来，唐高宗觉得武则天才能出众，是自己得力的助手，于是想要立她做皇后，可是长孙无忌、褚（chǔ）遂良等一帮老臣极力反对，高宗非常苦恼。

一天，大臣李勣（jì）拜见唐高宗，唐高宗问他："我一直想立武昭仪做皇后，可是褚遂良他们都坚决反对，事到如今，我该怎么办呢？"

李勣说："这是陛下您的家务事，何必要询问外人的意见呢？"

李勣的话，像是给唐高宗打了一针强心剂，他下定了改立皇后的决心。公元655年，唐高宗李治将王皇后以及萧淑妃打入冷宫，正式册封武则天做了皇后。武则天由当年唐太宗的一个小小的才人，摇身一变成了唐高宗的皇后，从此正式登上了政治舞台。

隋唐

请君入瓮

武则天的两名大臣周兴和来俊臣，是当时有名的酷吏。有一次，周兴被人密告谋反。武则天便派来俊臣去审理这宗案件。来俊臣请周兴饮酒，故意对他说："唉！最近审问犯人老是没有结果，请问有什么新招吗？"周兴得意地说："用一个大瓮，四周堆满烧红的炭火，再把犯人放进去。再顽固不化的人，也受不了这个滋味。"

来俊臣听了，立刻吩咐手下人抬来一个大瓮，照着周兴刚说的方法，用炭火把大瓮烧得通红。然后沉着脸对周兴说："有人告你谋反，如果你不老老实实供认的话，那我只好请你进这个大瓮了！"周兴听了大惊失色，只好俯首认罪。

武则天当了皇后之后，经常帮唐高宗批阅百官的奏章。唐高宗非常依赖她。公元660年，唐高宗得了一场重病，痊愈后，索性把朝政大事全都推给了武则天。

武则天的权力越来越大。唐高宗有一天，突然发现自己虽然贵为天子，却事事都要看武则天的脸色，心里非常恼火。他跟一位名叫上官仪的大臣讲了这件事儿，上官仪说："陛下既然觉得皇后太专断，那么就下旨把她废掉吧！"

唐高宗觉得这是一个好主意，于是立刻命令上官仪起草废后诏书。然而这个时候，武则天羽翼已丰，唐高宗已经奈何不了她了。事情败露后，唐高宗只好把责任一股脑儿地推到了上官仪的身上。武则天立刻下令把上官仪杀掉了。

从此以后，唐高宗上朝，武则天便在一旁垂帘听政，大小事情都要她点头才算数。公元674年，唐高宗称天皇，武则天称天后，朝廷内外将他俩并称为"二圣"。

公元683年，唐高宗李治病死。武则天先后立她和高宗所生的两个儿子为帝，他们分别是唐中宗李显和唐睿（ruì）宗李旦。但是最终又废黜了他们，自己以太后的名义临朝听政。

武则天随意废立，无疑是对当时男权社会的一个挑战，徐敬业等人在扬州揭竿而起，可是不久就被武则天镇压了。唐朝宗室诸王也不满武则天的所作所为，起兵反抗，也都以失败告终。此后，唐室宗亲几乎被杀戮殆尽。

隋唐

公元690年，武则天改国号为"周"，正式登基称帝，成了我国历史上唯一的一位女皇帝。可是她称帝的道路并不平坦，布满了王公大臣乃至亲人们的血迹。

然而武则天巾帼不让须眉，在位期间延续了唐太宗的治国策略，广开言路，注重纳谏，因此经济得到了很好的发展。因此，后世称赞她"政启开元，治宏贞观"。

徐敬业起兵的时候，"初唐四杰"之一的骆宾王亲笔写了一封讨伐武则天的檄文。檄文虽然文采飞扬，然而全都是责骂武则天的话。可是武则天读后赞不绝口，认为朝廷没有重用骆宾王这样的人才，实在是宰相的过错。

知识链接

姚崇灭蝗救灾

除了姚崇，你还知道历史上哪些贤相以及与他相关的故事吗？

武则天死后，唐中宗复位。唐中宗的皇后韦氏把持了朝政。韦氏是个野心勃勃的人，她一心想要效仿婆婆武则天，然而能力却不及武则天的一半，因此把朝政搞得混乱不堪。

唐睿宗李旦的第三个儿子名叫李隆基，英明果断，起兵诛杀了韦皇后和她的党羽，拥立他的父亲复位。公元712年，李旦把皇位让给了李隆基，自己做了太上

李隆基

即唐玄宗，是唐朝在位最久的皇帝。在位前期励精图治，开创了开元盛世，唐朝的经济、文化在这一时期达到了顶峰。后期宠爱杨贵妃，宠信李林甫、杨国忠等奸臣，导致了长达八年的"安史之乱"，为唐朝的衰落埋下了伏笔。

隋唐

皇。李隆基就是唐玄宗，他即位后把年号改成了"开元"。

唐玄宗当时只有二十多岁，意气风发，任用能谋善断的姚崇为相，一心想要恢复唐太宗时期的盛世。姚崇拜相后，兴利除弊，李唐王朝渐渐又出现了兴盛的景象。

可惜好景不长，公元716年，山东、河南一带爆发了一次严重的蝗灾。蝗群黑压压的一大片从空中掠过，像乌云一样遮天蔽日，所到之处，庄稼都被啃得一干二净。那时候的人都很迷信鬼神，认为这是天灾，因此老百姓只知道烧香祷告，祈求上天保佑，却不敢捕杀蝗虫，任凭蝗虫嚼食庄稼。

眼看老百姓辛辛苦苦种下的粮食要被蝗虫糟蹋光了，姚崇忧心忡（chōng）忡。他向唐玄宗上奏，要求治理蝗灾。他说："我翻阅了一些古籍，许多相关的记载都证明蝗灾不是天灾，是可以人为治理的。而且蝗虫怕人，其实非常容易驱逐。田地都是有主人的，百姓为了保护自己的庄稼，一定会十分卖力。所以只要大家齐心协力，蝗灾一定会被消除的。"

唐玄宗觉得姚崇说得有道理，立刻派人去治理蝗灾。姚崇下了一道命令，要百姓一到夜里就在田头点起火堆。等蝗虫看到火光飞下来，百姓就集中扑杀；同时，在田边挖一个大坑，对蝗虫边打边埋。

这个时候，汴州（今河南省开封市）刺史倪若水上奏说治理蝗灾应该修德，不能直接扑杀，所以拒不执行。姚崇看到后非常生气，立刻写信责备倪若水："如说修德可以免除蝗灾，发生蝗灾就是无德造成的吗？现在如果坐视蝗虫糟蹋庄稼，到时候没有收成，百姓流离失所，看你怎么办！"看到宰相的态度这样坚定，倪若水只好照章办事，放开手脚灭蝗。仅仅汴州一个地方，灭掉的蝗虫就达到了十四石（dàn）之多。

相关故事

口蜜腹剑

李林甫是我国历史上有名的奸相，他表面上待人总是一副和蔼可亲的样子，说的话也非常动听。实际上，他为人阴险狡猾，常常暗中害人。世人都称他是"口有蜜，腹有剑"。

他当时有个同僚，名叫李适之。李适之拜相后，李林甫对此非常不安，绞尽脑汁地排挤李适之。有一次，他装出一副诚恳的样子对李适之说："听说在华山中发现了黄金，如果能够开采出来，就可大大增加国家的财富。可惜皇上还不知道啊！"李适之听了信以为真，赶忙告诉了唐玄宗，并建议他尽快开采。

唐玄宗听了非常高兴，立刻把李林甫找来商量。李林甫说："这件事我早知道了，可是华山之中有王气，怎么可以随便开采呢？别人劝您开采，恐怕是不怀好意吧！"唐玄宗听了，对李适之非常不满，逐渐疏远了他。

就这样，李林甫凭借这套特殊"本领"，一直做了十九年宰相。

后来，姚崇又奏请朝廷派出特使去检查各州县的灭蝗情况，督促灭蝗。正是因为姚崇当机立断，所以当时蝗灾并没有造成大的饥荒，因此姚崇被誉为"救时宰相"。

　　唐玄宗在位期间，除姚崇外，还任用了宋璟（jǐng）、张说、张九龄等历史上有名的贤相。在他们的辅佐下，唐朝的国力强盛，财政充裕。据说，当时各州县的仓库里都堆满了粮食、布帛，长安和洛阳的大米和绸缎都跌了价。

　　因为唐玄宗的年号叫作"开元"，所以历史上把这个空前的盛世称为"开元盛世"。

　　　唐玄宗李隆基从小通晓音律，多才多艺。他登基后，下令单独设立了教授音乐的教坊——梨园。因此直到今天，戏曲艺人都被称为"梨园弟子"，而唐玄宗也被尊为"梨园之祖"。

知识链接

安禄山发动叛乱

 从"开元盛世"到"安史之乱"，说一说你是如何看待唐玄宗这个人的？

安禄山是个胡人，他原本生活在胡汉交界处的营州（今辽宁省朝阳市一带）。凭借通晓多种少数民族的语言，给做边贸生意的商人做翻译，协助他们商议货价，并以此来维持生计。

公元732年，安禄山投身军旅，做了幽州（今北京市西南）节度使张守珪（guī）的偏将。因为他骁勇善战，机灵聪慧，被张守珪收做了义子。

唐玄宗在位时，广求天下人才，并规定各地节度使如果政绩斐然，可以直接调进京城做宰相。这个规定，让当时担任宰相的李林甫感到惴惴不安。李林甫这个人，表面上非常和善，背地里却嫉贤妒能。对于威胁到他地位的贤才，他总会想方设法地除去。他说服唐玄宗提拔了一些胡人做节度使。李林甫为什么要这么做呢？这是因为他觉得胡人文化水平普遍较低，即使做了节度使，也不会威胁到自己的地位。

于是安禄山便在这个机会中横空出世，做了平卢节度使，并靠着溜须拍马的绝技，步步高升。公元744年，他又兼任了范阳节度使，又称幽州节度使。

安禄山处事非常圆滑，善于察言观色，投人所好，因此很受唐玄宗宠信，常常被召到长安朝见。由于安禄山的个头很矮，身体又特别肥胖，挺着一个大肚子，看上去非常滑稽，唐玄宗一见到他就乐了。

有一次，唐玄宗指着他的肚子开玩笑地说："这么大的肚子，里面装的什么东西？"

安禄山不假思索地回答说："没有别的，只有一颗效忠于您的赤子之心。"唐玄宗听了很开心。便让杨贵妃把安禄山收作干儿子，让安禄山在内宫随意出入，亲热得像一家人一样。

后来，安禄山又要求兼任河东（治所在今山西省太原市）节度

杨玉环

即杨贵妃，我国古代四大美女之一。她擅长歌舞，通晓音律，音乐才华在历代后妃中十分罕见，深受唐玄宗的宠爱。

隋唐

使。唐玄宗毫不犹豫地答应了他。安禄山从此控制了北方边境的大部地区。

公元752年，李林甫病逝，杨国忠继任宰相。安禄山和杨国忠不合，两个人之间的矛盾越来越大。公元755年，安禄山经过周密准备决定发动叛乱。这时候，正好有个官员从长安到范阳来。安禄山便假造了一份诏书，召集将士宣布说："接到皇上密令，要我立即带兵进京讨伐杨国忠。"

随后，安禄山率领十五万人马。连夜从范阳出发，挥师南下，所到之处，鼓声震天，生灵涂炭。至此，唐朝自开国以来维持了近一百年的和平被打破了，百姓又陷入了一片水深火热之中。

当安禄山叛乱的消息传到长安时，唐玄宗李隆基根本不相信。直到叛军快要攻入潼关，唐玄宗这才如梦初醒，只好带着杨贵妃仓皇逃往蜀中。

相关故事

马嵬坡之变

"安史之乱"爆发后，唐玄宗带着杨氏兄妹仓皇出逃，到了马嵬坡（今陕西省兴平市西北）的时候，人困马乏，随行将士们群情激愤，杀了杨国忠，把唐玄宗住的驿馆包围起来，要求赐死杨贵妃。这下可把唐玄宗给难住了，他怎么舍得杀掉这个最宠爱的妃子呢？可是这个时候，将士们已经杀了杨国忠，留着杨贵妃又怎么能安心呢？唐玄宗无可奈何，只好派人缢杀了杨贵妃。因为这件事发生在马嵬坡，所以史称"马嵬坡之变"。

隋唐

　　安禄山飞扬跋扈，根本不把一般的王公大臣放在眼里，唯独忌惮李林甫。他每次派人向朝廷汇报工作都会问："宰相大人说了些什么？"听到表扬的话后，他就乐得手舞足蹈。如果李林甫说："告诉安禄山，让他老实一点！"安禄山就会反手撑着床，说："哎呀，我死定了！"

知识链接

晚唐的牛李党争

唐文宗即位后，励精求治，可是最终却失败了。说一说，这是为什么呢？

安史之乱后，唐王朝就像是一个患病的老人，渐渐日薄西山。

唐玄宗在位的时候，设立了藩镇，本意是为了稳定边防。然而，到了唐朝后期，各镇节度使逐渐拥兵自立，成了割据一方的军阀势力。不仅如此，从唐肃宗李亨起，开始亲信宦官。到了唐朝中晚期，宦官手中的权力越来越大，甚至到了可以随意废立皇帝的地步。

公元826年，唐文宗即位，他励精求治，处心积虑地想要除掉宦官。当时，朝中的一些官员分成了两个派系，分别被称作牛、李两党。牛党是以牛僧孺（rú）、李宗闵（mǐn）为首，他们大多是通过科举考试进入朝廷的；李党是以李德裕为首，他们大多数是出身士族的公卿子弟。

隋唐

303

这两个派系的官员互相排挤，争吵不休，历史上将这种现象称作"朋党之争"。

其实朋党之争从唐宪宗的时候就开始了。公元808年，唐宪宗举行了一次考试，想要选拔一些敢于直言进谏的人才。在这次考试中，有两个考生能够直言利弊，非常出众，于是主考官韦贯之把他们推荐给了唐宪宗。这两个人一个是李宗闵，一个是牛僧孺。

当时的宰相叫李吉甫，他出身士族，原本就看不起科举出身的官员，再加上看到牛、李二人又是在批评自己的过失，于是非常生气。他跟唐宪宗说，这两个人之所以能够入选，是因为和主考官有交情。唐宪宗听了之后，非常生气，不但没有提拔他俩，连主考官也被贬了官。两派从这里开始便结了怨。

李德裕

唐武宗时的宰相，牛李党争中李党的领袖。他自幼胸怀大志，熟读诗书，因为党争的缘故，多次被排挤出京。为相期间，功绩显赫，出现了"会昌中兴"的局面。被后人誉为"万古良相"。

李吉甫死后，他的儿子李德裕入仕。李德裕这个人非常有才干，从小饱读诗书。可是和自己的父亲一样，他也看不起科举入仕的官员。公元821年，朝廷又举行了一次选拔人才的考试，考试由牛党的钱徽主持，结果有人告他徇私舞弊。唐穆宗询问李德裕时，李德裕说真有这样的事。唐穆宗就把钱徽降了职。李宗闵也受到牵连，被贬谪（zhé）到外地去了。

李宗闵认为李德裕成心排挤他，恨透了李德裕。从此以后，以李宗闵、牛僧孺为首的科举出身的官员，与以李德裕为首的士族出身的官员明争暗斗得更厉害了。

唐文宗即位后第三年，即公元829年，李宗闵依附宦

官，做了宰相，上任后又推荐牛僧孺做了宰相，牛党显赫一时。他们当政后，第一件事就是合力打击李德裕，把李德裕调出京城，当西川（治所在今四川省成都市）节度使。不仅如此，凡是与李德裕亲善的官员，都被牛党排挤出了朝廷。

相关故事

少年老成的李德裕

李德裕幼年时便资质不凡，唐宪宗非常喜爱他，常常把他抱坐在腿上。李吉甫也经常在同僚面前称赞儿子的机敏。一次，宰相武元衡见到李德裕，问他："你在家都看些什么书呢？"李德裕却一句话都不说。第二天，武元衡把李吉甫嘲笑了一番。李吉甫对此非常生气，回到家里把儿子责备了一顿。这时，李德裕却说："武公身为宰相，不问治国的方法，却问我读的是什么书，这是礼部该管的事呀！他问得不恰当，所以我才不回答的。"武元衡知道后，非常惭愧。

李德裕入川后，整顿边防，发展生产，仅仅两年，境内安定，经济有了好转。公元832年，唐文宗又召李德裕进京，任命他做兵部尚书（官名）。不久又罢免了李宗闵的宰相之职。可是仅仅两年，李德裕又遭到排挤，李宗闵又被召进京城，继续为相。

唐文宗本人非常厌恶朋党干扰朝政，可是他当时受宦官控制，只好一会儿用李德裕，一会儿用李宗闵和牛僧孺。一派掌了权，另一派就没好日子过。两个派系水火不容，这对当时的朝政无疑是雪上加霜。为此，唐文宗虽然非常苦恼，却又无可奈何，他向身边的大臣说："除掉藩镇不一定难，可是消除朋党实在是太难了！"

唐文宗死后，唐武宗即位。李德裕终于当上了宰相。他同样竭力排斥李宗闵、牛僧孺及其党羽，把他们都贬谪到了南方。

唐武宗死后，继承皇位的唐宣宗对唐武宗亲信的大臣心存芥（jiè）蒂（dì），于是李德裕一路遭贬，一直被贬到了崖州（今海南岛），并于公元850年，病死在了崖州。这个时候，李宗闵和牛僧孺也都病死了。

　　就这样，一直持续了四十多年的朋党之争拉上了帷幕。然而藩镇割据，宦官专政，再加上后来的朋党之争，一步步将唐王朝的统治拖入了深不见底的泥潭中。

　　公元835年，唐文宗不甘心被宦官控制，于是和大臣一起谋划诛杀宦官。一天，唐文宗上朝的时候，有人说禁卫军大厅后院的一棵石榴树上头天夜里降了甘露。唐文宗以观露为名，打算将宦官头目仇士良骗到后院杀掉，结果却被发觉。后来仇士良发动反击，李训、王涯等朝廷重要官员被宦官杀死。在这次事变后受株连被杀的朝臣达到一千多人，史称"甘露之变"。

知识链接

五代十国

朱温弑君夺权

朱温作为后梁的开国之君，你是怎么评价他的？你还知道哪些关于朱温的故事呢？

唐朝晚期，政治黑暗，当时有的地方发生了饥荒，百姓流离失所，然而官府却依旧催逼赋税，社会矛盾越来越尖锐。

公元877年，有个名叫黄巢的人，起兵反抗。百姓走投无路，纷纷响应，没过多久，战火便蔓延到了长安，唐僖（xī）宗逃到了成都。后来依靠藩镇的力量，这次起义终于被平息了，然而大唐的政权却名存实亡。

在镇压起义的过程中，一些藩镇借机壮大自己的实力，逐渐形成了称霸一方的割据势

朱温

五代十国时期后梁的开国皇帝，史称后梁太祖。弑君夺权，建立后梁，登基六年后，被儿子朱友珪弑杀。

力。其中最强大的是宣武（治所在今河南省开封市）节度使朱温。

朱温原本是黄巢起义军中的一员，后来他带兵叛变，投靠了唐朝。唐僖宗派他镇压起义军。他立下不少功劳，唐僖宗很高兴，对周围的人说："这真是上天赐给我的将军啊！"于是赐给了朱温高官厚禄，还赏他一个名字叫"全忠"。

公元888年，唐僖宗病死，他的弟弟继承了皇位，即唐昭宗。唐昭宗非常痛恨宦官，想依靠朝臣的势力，除掉宦官，可是失败了。宦官们把他软禁了起来。这时的宰相名叫崔胤（yìn），崔胤也非常痛恨宦官，想要借助朱温的势力铲除宦官，一直和

朱温暗中联络。这次昭宗被宦官软禁后，他立刻向朱温求助。这对于朱温来说，是个千载难逢的机会。

相关故事

永为浊流

朱温弑（shì）杀唐昭宗后，认为朝臣中还有不少人忠于李唐皇室，必须彻底铲除。朱温的得力谋士名叫李振，他考了二十多年的科举都没有考中，因此不仅痛恨公卿子弟，对科举出身的朝臣也是恨得咬牙切齿，也极力主张将这些人全部杀掉。于是朱温在滑州（今河南省滑县）白马驿屠杀了以裴枢为首的朝臣七人。李振意犹未尽，对朱温说："这些人自称是清流，应当投入黄河，让他们永远变为浊流！"朱温听了立刻命人把这些人的尸体投入滚滚黄河。因为此次事变发生在白马驿，所以又被称为"白马驿之祸"。

朱温派出亲信偷偷潜入长安，和崔胤商量了一番。崔胤有朱温撑腰，于是发兵杀了宦官头目刘季述，想要迎接唐昭宗复位。可是幸存的宦官却挟持了唐昭宗出逃，投靠了凤翔节度使李茂贞。朱温得到消息，立刻率兵攻打凤翔。不久就攻破了凤翔，把唐昭宗抢了回来。

朱温下令杀死了所有的宦官，于是中晚唐时期的一大弊政——宦官专政问题，就这样轻而易举地被朱温解决了。那么唐昭宗呢？自然是从宦官的手里落到朱温的手里，日子更加艰难了。

公元904年，朱温挟持着唐昭宗，迁都洛阳。他下令拆除长安的宫殿、房屋，将木料统统扔进渭水，顺流而下，想要在洛阳重新建立宫殿。没几天，长安城就变成了一片废墟。到了洛阳不久，朱温就杀死了唐昭宗，拥立了年仅十三岁的李柷（chù）为帝，即唐哀宗。

公元907年，朱温废掉了唐哀宗，登上了向往已久的皇帝宝座，改国号为"大梁"。至此，曾经辉煌灿烂的唐王朝，毫不例外地走向了没落，结束了它为时二百九十多年的统治。

公元904年，朱温挟持唐昭宗迁都洛阳。他们走到华州时，当地百姓全都站在道路两旁，高声呼喊"万岁"。唐昭宗听了泪流满面，说："不要再喊万岁了，我已经不是天下之主了！"

知识链接

五代十国

吴越王钱镠

对于钱镠的评价，有人认为他很伟大，有人则认为他很平庸。对此你怎么看？

唐朝灭亡后，中原又陷入了一片混乱之中。从朱温建立后梁开始的五十多年里，中原地区先后出现后梁、后唐、后晋、后汉、后周五个交替的政权，史称"五代"。与此同时，还有十个割据一方的政权，它们分别是前蜀、南吴、闽、吴越、南楚、南汉、南平、后蜀、南唐和后汉，史称"十国"。因为这十个国家和五代是并存的，因此历史上将这一时期统称为"五代十国"。

在十国中，统治时间最久的是吴越国。它的创始人名叫钱镠（liú）。

钱镠

五代十国时期吴越国的开创者。他在位四十一年，依靠向中原王朝进贡来保境安民，被两浙百姓称为"海龙王"。

钱镠是临安（今浙江省杭州市西）人。据说，他出生的时候，面貌非常丑陋，他的父亲认为不吉祥，就把他扔到了一个枯井里。他的祖母不忍心，又悄悄地把他抱了回来，因此大家都管他叫"婆留"。

钱镠自幼学武，略通文墨。长大后，先是贩盐挑米，侍奉父母。后来又到义胜军节度使（治所在今浙江省绍兴县）董昌手下当部将。黄巢起义军攻打浙东的时候，钱镠用一小股儿兵力保住了临安。唐王朝认为他有功，封他为都指挥使，后来，又提拔他做了节度使。

相关故事

陌上花

钱镠和他的夫人吴氏自从成亲以后，感情一直很好。吴氏本来是横溪的一个农家女，她对父母非常孝顺，即使富贵后每年春天也都要回娘家住上一段时间，看望并侍奉双亲。有一年，吴氏又回娘家了，留下钱镠一个人在宫中料理政事。一天，钱镠走出宫门，发现西湖两岸已经是桃红柳绿，于是加倍思念夫人。他回到宫中写了一封信，信上说："田间小路上的花现在都开了，你也可以一边赏花，一边慢慢地回来了。"（陌上花开，可缓缓归矣）

钱镠刚当上节度使的时候，非常得意。回到家乡，大张旗鼓地宴请家乡父老。就连家门口的一棵大树，也被他封作了"锦衣将军"。不仅如此，他还在在临安建起豪华的住宅，出门的时候，前呼后拥。父亲对他的这种做法很不满意，每次听到钱镠来，就有意避开。

钱镠发现父亲刻意回避他，感到很疑惑。有一次，他独自一人，步行来到父亲的家里，问老人家为什么要这么

做。他的父亲说："我家世世代代都是靠打鱼、种庄稼过活的，没有出过什么贵人。现在你周围都是敌人，还要跟人家争城夺池，我怕我们钱家今后要遭难了。"

钱镠听了，表示一定要记住父亲的嘱咐。从此以后，他小心翼翼，力求自保。五代一直持续了五十多年，他的吴越国总是向这些王朝称臣纳贡，以此来换取和平。

对内钱镠下令兴修水利，修筑海塘和疏浚内湖，百姓遇旱时便运水种田，有涝时就将水引出农田。因此吴越国虽然小，但在钱镠的谨小慎微中长期没有遭到战争的侵蚀，犹如一片世外桃源，百姓安居乐业，经济渐渐繁荣起来。钱镠也因此在民间获得了一个外号——"海龙王"。

钱镠长期生活在混乱动荡的环境里，由于担心周围的国家会突然对他的吴越国发动进攻，夜里都不敢好好睡觉。于是，他命人用一段滚圆的木头做了一个枕头，叫作"警枕"。他睡着时稍微动一下，头就会从枕上滑下，人也惊醒过来了。

知识链接

五代十国

儿皇帝石敬瑭

 石敬瑭为了一己私欲，不惜卖国求荣。换做你，你会怎么做？

进入五代十国后，各地豪强你方唱罢我登场，仅仅五十多年，中原地区一口气更换了五个朝代。石敬瑭（táng），则是第三个朝代后晋的开国之君，也是我国历史上最臭名昭著的人物之一。

石敬瑭原本是后唐明宗李嗣源的女婿，也是他手下一员得力的战将。石敬瑭年轻的时候，喜欢读兵法，并且非常崇拜战国时期赵国名将李牧和西汉名将周亚夫。当时的李嗣源还是代州刺史，他非常器重石敬瑭，就

石敬瑭

沙陀人，后晋的开国皇帝。历史上有名的"儿皇帝"。为了一己私利，不惜向契丹俯首称臣，还把燕云十六州的土地割让给了契丹。

把女儿嫁给了他。石敬瑭从此跟随李嗣源转战各地，立下了赫赫战功。

李嗣源死后，他的养子李从珂（kē）夺取了王位。这个李从珂，当时也是李嗣源手下的得力战将，他和石敬瑭两个人虽然都骁勇善战，可是谁也不服气谁，一直面和心不合。

相关故事

哭得帝位的李从珂

后唐明宗李嗣源死后，他的儿子李从厚继承了皇位。公元934年，迫于李从厚的猜忌，李从珂举兵反叛，被围困在凤翔。眼看要做俘虏了，他情急之下，三两下便将上衣脱掉，露出身上的一个个伤疤，然后站到了城墙上，号啕大哭。他边哭边说："我自小就跟随着先帝出生入死，满身创伤，才有了今天的江山社稷。这些事，相信大家都看在眼里。现在，朝廷宠信佞臣，猜忌自家骨肉，我究竟有什么罪要受这样的惩罚啊！"在生死关头，李从珂哭得声泪俱下，竟然使许多攻城的军士动了恻隐之心，转而支持他。

五代十国

　　李从珂即位后，一直把石敬瑭当作眼中钉、肉中刺，一心想要除掉他。公元936年，李从珂派人率领大军攻打石敬瑭所在的晋阳。石敬瑭抵抗不住，可是又不愿意投降，急得像热锅上的蚂蚁。这个时候，有个叫桑维翰的人出主意让他向契丹人求救。

　　石敬瑭走投无路，只好向契丹皇帝耶律德光求救。他命人写信给耶律德光，说自己愿意拜耶律德光做父亲，希望契丹能够出兵相助，事成之后，每年都会向契丹进贡，

并且愿意把燕云十六州（指幽州等十六个州，都在今河北、山西两省北部）献给契丹。

石敬瑭这种认贼作父、卖国求荣的做法，遭到了部将的反对。连他的亲信刘知远（即后汉高祖）都说："您向契丹求救，称臣还说得过去，可是拜他做父亲有些太过分了。再说，多给他们一些金银财宝都无所谓，可是不能割让土地，这会成为大祸患的，将来后悔了就来不及了。"可是石敬瑭利欲熏心，肯本听不进去。

耶律德光收到石敬瑭的求助信后，一看有这么多好处，喜出望外，立刻出兵救援。不久，李从珂就被打败了，石敬瑭做了皇帝，即后晋高祖。

石敬瑭登基后，一方面战战兢兢地做着自己的"儿皇帝"，每年向契丹进贡金银珠宝；另一方面履行"诺言"，将燕云十六州的土地割让给了契丹。从此之后，中原大地失去了北方的屏障，完全暴露在了契丹的铁蹄之下。

石敬瑭就这样凭借着契丹的保护，沾沾自喜地做了七年的"儿皇帝"，便一命呜呼了！然而，他的继承者晋少帝对待契丹，却不那么百依百顺，这让耶律德光非常恼火，一连向中原发动了三次进攻。

公元947年，耶律德光攻破汴京，俘虏了晋少帝，

五代十国

后晋灭亡。耶律德光在开封举行了即位仪式，改国号为"辽"，自称为大辽皇帝，并且纵容部下四处抢掠。老百姓难以忍受，纷纷起兵反抗。耶律德光这才发现，原来中原的百姓并不都像石敬瑭那样好欺负，只好向北撤退。

辽兵虽然退出了中原，然而被石敬瑭出卖的燕云十六州的土地依然控制在契丹人的手中，成了后来契丹、女真、蒙古族南下入侵中原的基石。

后唐明宗李嗣源是当时少有的开明君主。他为人十分谦虚，就算是有战功也从来不在别人面前炫耀。有一次，他参加一个聚会，聚会上其他将领都争着炫耀自己的功劳。李嗣源听了，说："看来你们都是用嘴巴来打仗的，而我是用拳头来打仗的。"大家听了非常惭愧。

知识链接

周世宗开疆拓土

 有人说周世宗是五代第一明君，你认可吗？说一说，五代十国还有哪些明君？

公元947年，后晋灭亡，后晋大臣刘知远乘虚而入，做了皇帝，史称后汉高祖。然而，刘知远仅仅做了十个月的皇帝，就病死了。他的儿子刘承祐（yòu）即位，即后汉隐帝。

后汉隐帝觉得大将郭威权力太大，几次三番加害郭威，激起了郭威的反抗。公元951年，郭威在部下的拥戴下登上了皇位，改国号为"周"，史称后周太祖。公元954年，郭威病死，周世宗即位。

即周世宗，名叫柴荣。在位期间励精图治，开疆拓土，为日后北宋的统一打下了坚实的基础。被史学家称为"五代第一明君"。

五代十国

323

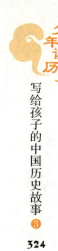
周世宗是周太祖郭威的养子。他本来姓柴，名叫柴荣，他的姑姑是郭威的柴皇后。柴荣从小在姑父郭威的家中长大，经常帮助郭威处理各种事务，谨慎又稳妥，由此郭威非常喜欢他。因为郭威和柴皇后一直没有儿子，所以就把他收作自己的儿子。

周世宗是一位英明的君主。他即位后，继承养父的遗志，雄心勃勃，立志要做一番大事业。然而他刚登基不久，就遇到了一块绊脚石——北汉国主刘崇勾结契丹，集结了几万兵马，向潞州（今山西省长治市）发起了进攻。消息传到了汴京，周世宗立刻召集大臣商量，打算亲征。当时的宰相名叫冯道，冯道被后世称为五代宰相，先后给十多个皇帝效过力，称得上是官场上的不倒翁。

冯道听说周世宗要亲征，极力劝阻。周世宗很不高兴，他说："刘崇见我年轻，又刚刚即位，一定亲自带兵前来，我不能不去！再说了，过去唐太宗平定天下，都是自己亲自领兵的，我又怎么能苟且偷生呢！"

冯道也觉得周世宗年轻，有点瞧不起他，说："陛下，您觉得自己能和唐太宗相提并论吗？"

周世宗听了，激动地说："冯相国真是无法担当重任啊！汉军不过就是一些乌合之众，我们现在兵强马壮，战胜他们就像用泰山压碎鸡蛋一样容易！"

冯道又说："可惜陛下您不是泰山啊！"周世宗非常生气，拂袖而去。没过多久，就派冯道去管修造周太祖坟墓的事。冯道碰了钉子，没过多久就病死了。

周世宗率兵亲征，大军很快就到了高平（今山西省高平市），跟刘崇的军队相遇了。刘崇看到后周的兵力没有自己强盛，非常得意，对部下说："早知道这样，就不向契

丹借兵了！今天一定要一举歼灭周军，让契丹人看看我们的厉害！"面对这种敌众我寡的局面，周世宗非常镇定，他亲自上阵督战，将士们奋力冲杀，很快便取得了胜利。因为战争发生在高平，所以历史上将它称为"高平之战"。

相关故事

诸事无寸的冯道

冯道当宰相的时候，有个名叫李导的读书人来拜见他。冯道笑着说："冯道这个名字，我已经叫了好多年了，而且我又做了这么久的宰相，因此像你这样的读书人不可能不知道我，可是为什么还要和我的名字同音呢？这好像不合礼法吧！"李导说："相国您是没有寸字底的道，而我是有寸字底的导，同音不同字，有什么不可以的呢？"冯道听了哈哈大笑，说："我不但名字中没有寸，而且无论做什么也都没有分寸。"

从此之后，周世宗的声望得到了大大的提高，他整顿军务，励精图治，拉开了结束分裂、统一天下的序幕。

公元959年，周世宗讨伐辽国，想要收回燕云十六州。战争异常顺利，短短四十二天内，连收三关三州、一十七县。然而，正当他准备乘胜追击进攻幽州时，却不幸身患重病，被迫撤军。

当年六月，周世宗还没有来得及实现自己扫平天下的愿望，便英年早逝，年仅三十九岁。可是他在位五年多的文治武功，为后来宋朝的大统一打下了坚实的基础。

古时候的人都比较迷信。当时，周世宗手下有个大臣叫王朴，能掐会算。有一天，周世宗问王朴："我大概可以做多少年的皇帝呢？"王朴说："我才疏学浅，只能推算出三十年之内的事情，三十年之后的事儿就不知道了。"周世宗听了，非常高兴，说："如果真能像你说的那样，我会用十年时间平定天下，十年时间休养百姓，十年时间维护太平盛世。"

知识链接

五代十国

赵匡胤黄袍加身

"黄袍加身"也叫"陈桥兵变"，给大家讲一讲这个故事，说一说你对陈桥兵变的看法。

周世宗死后，他的儿子继承了皇位，即周恭帝。周恭帝当时只有七岁，因此兵权都掌握在了赵匡胤的手中。

赵匡胤原本是周世宗手下的一员得力战将。周世宗在世的时候，非常信任他，封他做了殿前都点检（官名），把禁军全部交给他来统领。赵匡胤看到周恭帝年纪小，所以就和弟弟赵光义、谋士赵普等人悄悄地在一起谋划，想要取而代之。

公元960年正月初一，文武百官正在向

> **赵匡胤**
>
> 即宋太祖，北宋的开国之君。"陈桥兵变"后被拥立为帝，结束了自唐末五代以来长达近七十年的藩镇割据混战局面，恢复了华夏地区的统一。

小皇帝举行朝见大礼的时候，忽然接到边境送来的紧急战报，说北汉和契丹人联合，出兵攻打后周边境。

消息一传来，朝廷上下顿时乱作一团，宰相范质、王溥（pǔ）不知所措，急忙下令让赵匡胤带兵抵抗。赵匡胤得到命令后立刻调兵遣将，第二天便率领大军离开了汴京。可是大军离开不久，京城中便流言四起，说："出兵的时候，应该册立点检做天子。"一些有钱人听到后带着家眷逃走了，汴京城中一时人心惶惶。

赵匡胤率领大军行进到一个名叫陈桥驿（今河南省封丘县陈桥镇）的地方驻扎了下来。晚上，赵匡胤的一些亲信在军营中到处散布谣言说："当今皇帝年幼无知，就算我们拼死杀敌，也没人知道我们的功劳。想要北伐，必须先拥戴点检做皇帝才稳妥呀！"将士们听了，都觉得很有道理，兵变的情绪很快就被煽动起来了。大家闹哄哄地围住了赵匡胤住的驿馆，非请他即位不可。

赵匡胤前一天晚上喝了一点酒，一觉醒来，听到外面吵吵闹闹的，还没来得及问话，就有几个人推门进来，把早已准备好的一件黄袍，七手八脚地披在了他的身上。大伙跪倒在地上一边磕头，一边高呼"万岁"。接着，又推又拉，把赵匡胤扶上马，请他一起回京城。

赵匡胤骑在马上，装出一副被迫无奈的样子，说：

五代十国

"既然你们贪图富贵，拥立我做天子，就要听从我的命令。要不然，我就不当这个皇帝了！"

宋太祖雪夜访赵普

宋太祖赵匡胤黄袍加身后，对拥戴他的谋士赵普非常器重，常常去赵普的家中看望赵普。时间久了，赵普每天下了朝，都会穿着朝服，等待宋太祖的到来。有一天，风雪交加，天气非常寒冷，赵普心想今天皇上肯定不会来了，就换掉了朝服准备休息。就在这个时候，仆人突然来通报说有客人来了。赵普急忙出门迎接，看到宋太祖精神焕发地站在风雪当中，于是赶忙把太祖请到家中。

赵普问太祖："今天天气这么冷，陛下怎么亲自过来了，您是有什么吩咐吗？"宋太祖回答道："一想到宫墙之外都是别人的地盘，就怎么也睡不着了啊！"宋太祖沉默了一会儿，说："我想发兵攻打北汉，然后再进行南征，你认为怎么样？"当时，宋朝只统一了中原地区，南方还有很多大大小小的割据政权。北方虽然只剩下了北汉（都城在太原），因为背后有着契丹的支持，所

五代十国

331

以实力非常强大，是一块难啃的骨头。赵普分析当时的形势，对太祖说："这个问题我考虑了很久了，我觉得可以先暂时留着太原不动，先出兵南方的国家，灭掉南方的政权后，再进攻北汉，这个时候北汉一定会不攻自破的。"太祖听完，笑着说："我也是这么想的，只是想试探一下爱卿你的想法啊。"宋太祖雪夜来访，让赵普深受感动，在后来宋太祖统一天下的过程中，他更加积极地出谋划策，提出了许多好的建议。

　　将士们都齐声回答："一定听从您的命令！"赵匡胤立即下令：到了京城以后，要保护好太后和幼主，不许侵犯朝廷大臣，不准抢掠国家仓库。听从命令的会有重赏，否则严惩不贷。将士们无一不从。

　　赵匡胤率领大军开往汴京，当时守备城门的石守信等都是赵匡胤的心腹，听到兵变成功后赶紧打开城门迎接他们。就这样，赵匡胤的大军不费一兵一卒，就控制了整个京城。

　　当时还没有退早朝，文武百官被突然闯入的士兵强行押解到了赵匡胤面前。看到宰相范质、王溥等一些往日的同僚被带到自己面前，赵匡胤一把鼻涕一把泪地哭得很伤心，他边哭边说："我受世宗厚恩，今天被军队逼迫到了这种地步。我愧对天地，现在该怎么办呢？"

还没来得及等范质和王溥回答，就有一位将军冲出来，拔出宝剑说："我们今天一定要让点检坐这个皇位！"

两人一看这个阵势，吓得脸都白了，只好率领百官臣服。赵匡胤换上了龙袍，接受群臣朝贺，正式登基称帝。由于他的藩镇在宋州（今河南省商丘市），因此改国号为"宋"，历史上将他称作宋太祖。

宋太祖赵匡胤兵不血刃地完成了这次改朝换代。同时，他也延续了周世宗的策略，加快了统一的步伐。

宋太祖登上皇位后，大臣们都向他的母亲杜太后道喜。杜太后却闷闷不乐。有个文臣劝她说："臣听说'母以子贵'，现在您的儿子做了皇帝，您为什么不高兴呢？"杜太后说："我听说'为君难'，如果治国有方，就会受人敬仰；一旦国家失去驾驭，即使想当个老百姓也不可能，这是我所忧虑的啊！"

知识链接

李后主亡国

　　宋太祖赵匡胤虽然登上了皇位，可是当时十国的割据势力依然存在。在这十个国家中，只有北汉在北方，但是它依附辽国，势力较为强盛。因此赵匡胤采纳了宰相赵普的建议，决定先平定南方，然后再凝聚兵力，攻破北汉，收复燕云十六州，一举统一全国。

　　制定好统一的策略后，宋太祖花了大约十年时间，先后出兵消灭了南平、后蜀、南汉等国。这样，南方的割据政权只留下南唐和吴越两国。

　　南唐是"十国"中最大的一个割据政权，并且一直对外宣称自己是大唐正统。它地处江南，土地肥沃，又因为长江天险，远离中原的战火硝烟，所以经济繁荣，国力繁盛。然而南唐的历任国主们大多是喜好风雅的文人，又因为偏安一隅，国富民安，所以渐渐奢侈起来，国力也逐渐衰败下来。

南唐最后一位国主名叫李煜（yù），史称李后主。他才华横溢，是我国历史上有名的词人，并且精通音律，擅长书法和绘画，称得上是多才多艺。可是在治理国家方面不是很在行。当时宋太祖挥师南下，想要平定南方时，李煜非常害怕，一直绞尽脑汁，委曲求全。他每年都派人给宋朝送去大量的金银珠宝，甚至主动削去国号，自称江南国主。然而这些努力，却阻挡不了宋太祖统一天下的雄心和脚步。

李煜

南唐的亡国之君，史称李后主。他虽然缺少治国之才，可是多才多艺，是我国历史上著名的词人，他的词作在晚唐五代词中别树一帜，对后世词坛影响深远。

就在李煜还在心存侥幸的时候，宋太祖的大军已经兵临城下了。李煜得到消息后，吓坏了，赶忙派了一个名叫徐铉（xuàn）的大臣，带上奇珍异宝去汴京拜见宋太祖，请求他们退兵。

徐铉是当时的江南名士，一直以名臣自居。他见到宋太祖后，说："我们国主并没有什么罪过，陛下执意要攻打我们，恐怕师出无名吧。"

五代十国

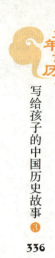
宋太祖说："那么请你说来听听吧！"

徐铉说："我们国主侍奉陛下，就好像儿子侍奉父亲一样小心谨慎，不知道您为什么还要讨伐他呢？"

宋太祖听了，反问道："如果真的像父子一样，为什么要分在两处吃饭呢？"徐铉听了，哑口无言。

过了一段时间，李煜又派徐铉去劝说宋太祖。徐铉言辞恳切，宋太祖辩不过他，便拔出宝剑，呵斥道："不用多说了！江南国主能有什么罪过呢？只是天下原本一家，我的枕塌旁边，怎么能容忍别人酣然大睡呢！"徐铉听了，不敢再说什么，只好回去复命。

公元975年，李煜率领大臣投降，第二年便被押往汴京。临行的时候，作为词人的李煜，留下了这样一阕（què）词：

四十年来家国，三千里地山河。凤阁龙楼连霄汉，玉树琼枝作烟萝，几曾识干戈？

一旦归为臣虏，沈腰潘鬓消磨。最是仓皇辞庙日，教坊犹奏别离歌，垂泪对宫娥。

这阕词是李煜作为亡国之君内心最痛苦的表白，承载了他国破被俘之后的仓皇失措、悔恨懊恼以及依依不舍的心境。

　　到了汴京，宋太祖将李煜封为违命侯，昔日荣耀无比的君王，从此变成了被软禁在汴京的囚徒。这个时候的李煜依旧填词，只是从之前的"晓妆初了明肌雪，春殿嫔娥鱼贯列"变成了"问君能有几多愁，恰似一江春水向东流"。

　　因为李煜的词中有太多的亡国之怨，没过多久，便被宋太宗派人毒死了。

相关故事

杯酒释兵权

公元961年的一天，宋太祖请石守信等将领喝酒。酒兴正浓时，宋太祖叹了一口气，说："如果不是你们出力，我是坐不上这个位子的，为此我一直非常感激你们。但是啊，做皇帝太难了，我整个夜晚都不敢安枕而卧啊！"

石守信等人急忙询问原因，宋太祖说："这个很简单，我这个位子谁不想要呢？"大家一听，知道自己已经受到了猜忌，一个个吓得汗流浃背。这时，宋太祖缓缓地说："人生苦短，所以想要得到富贵的人，不过是想多聚金钱，让子孙后代免于贫乏而已。你们为什么不做个富贵的人呢？"第二天，石守信等人便纷纷上表声称自己有病，要求解除兵权，宋太祖欣然同意。

李煜爱民如子，多次下令减免税收、免除徭役，江南的百姓都很爱戴他。他死后，噩耗传到了江南，许多百姓都聚集在街巷中抱头痛哭。

知识链接

两宋

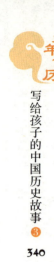
杨家将满门忠烈

你们听过"杨家将"的故事吗？最喜欢里面的哪个人物呢？

公元976年，宋太祖赵匡胤平定南方后，立刻挥师北上，攻打北汉，想一举统一天下。然而遗憾的是，没过多久便驾崩了。他的弟弟赵光义继承了皇位，即宋太宗。

公元979年，宋太宗继承了宋太祖的遗志，出兵征讨北汉，他切断了北汉和辽国之间的联络，将太原城围了个水泄不通。当时在北汉阵营中，有一位名叫杨业的将军，他威猛无比，带兵打仗几乎每次都能取胜，被人称作"杨无敌"。

太原城在宋军重

赵光义

即宋太宗，北宋的第二位皇帝。他灭掉了北汉，结束了五代十国的分裂割据局面。虽两次试图收复燕云十六州，但都以失败告终。

重包围之中，外无援兵，内无粮草。北汉国主刘继元没办法，只好投降。杨业也只好归附了宋朝。宋太宗早就听说杨业武艺高强，十分器重他，并且继续重用他。

北汉灭亡的消息传到了辽国，契丹人非常恼怒。公元980年，辽景宗发兵十万攻打雁门关（今山西省忻州市代县北）。那时候，杨业手下只有几千人马，兵力相差很大。杨业知道靠硬拼是不行的，于是带了几百名骑兵悄悄地从小路绕过雁门关，来到敌人的后方发动突袭。辽军大败，从此杨业在辽军中声威大震。契丹人只要一看到杨业

少年
读历史

写给孩子的中国历史故事

❸

342

的旗号，就立刻望风而逃。

杨业立了大功后，一些大臣非常嫉妒他，背地里给宋太宗写信诽谤他，其中就包括防守边境的主将潘美。这并没有动摇宋太宗对杨业的信任。

公元986年，宋太宗分别派出曹彬、田重进、潘美率领三路大军北伐，收复燕云十六州。当时杨业是潘美的副将。三路大军旗开得胜，很快就收复了云州、应州、寰（huán）州、朔州四个州。但是曹彬率领的主力因为孤军深入，后来吃了败仗。宋太宗一听到消息，赶紧命令各路宋军撤退，潘美的大军撤到了代州。

不久，宋太宗又下诏把这四个州的百姓迁徙到内地，命令潘美的军队保护百姓撤退。杨业看到辽兵士气旺盛，就向潘美等人建议：等到大军出动的时候，不要和辽军起正面冲突，先派出一小部分军队假装进攻，吸引辽军主力，同时派弓箭手埋伏在退路的要道，掩护百姓撤退。

这个建议确实很好。可是监军王侁（shēn）却听不进去，他说："我们带领好几万精兵，有什么好怕的呢？只管沿着雁门关大路大张旗鼓地行军，也好让契丹人知道知道我们的厉害。"

杨业说："大人，这恐怕不行啊！这是拿着鸡蛋碰石头，肯定会失败的。"

王伉恼羞成怒，说："将军不是一直号称无敌吗？怎么这就怕了？难道是另有打算？"

开卷有益

宋朝初年，宋太宗赵光义命文臣李昉（fǎng）等人编写一部规模宏大的分类百科全书，即《太平御览》。编好后，宋太宗规定自己每天至少要看两到三卷，一年内全部看完。当宋太宗下定决心翻阅这部巨著时，有人觉得皇帝每天要处理那么多事务，还要去读这么多书太辛苦了，就去劝告他少看些。

可是，宋太宗却回答说："我很喜欢读书，从书中常常能得到乐趣，多看些书，总会有益处，况且我并不觉得劳神。"于是，他仍然坚持每天阅读三卷。有时因国事忙耽误了，他也要抽空补上，并常常对左右的人说："只要打开书本，总会有好处的。"

杨业听了，非常气愤地说："我不是怕死，只是时机对我们不利，只会白白地搭上将士们的性命。你既然说出了这样的话，那让我去打头阵吧。"

　　当时主将潘美就在旁边，他明知道这次出兵凶多吉少，可还是同意了。杨业临行的时候，流着眼泪对潘美说："我原本是太原的降将，皇上没有杀我，反而如此重用我，我做梦都想着要为国效力。只是这次的形势，确实对我们不利。"说完，又指着陈家峪说："请你们在这里布下埋伏接应我，否则我一定会全军覆没的。"

　　杨业出兵后不久，就陷入了辽军的包围中，他寡不敌众，只好边打边向陈家峪方向撤退。黄昏的时候，杨业退到谷口，只见两边静悄悄，连个人影都没有。原来潘美等人听到杨业兵败，早就从一条小道逃跑了。

　　杨业只好孤军奋战，身后没有援兵，辽军又像潮水一样涌上来，他的部下一个个都倒下了，儿子杨延玉也战死了，杨业身上受了十几处伤，浑身是血，还来回冲杀，杀死了几十个敌兵。后来因为伤势太重，做了俘虏。

　　杨业被俘以后，有人劝他投降。他说："皇上待我恩重如山，我本想奋勇杀敌，报效国家。没想到被奸臣陷害，落得全军覆没。哪还有脸活在世上呢！"于是，他不吃不喝，三天后便去世了。

杨业绝食而亡的消息传到了汴京后，宋太宗非常难过，下令重赏他的家人，并且把主将潘美降职三级，把监军王侁流放到了金州。

　　杨业死后，他的后代继承了他的事业，儿子杨延昭、孙子杨文广在保卫宋朝边境的战争中都屡立战功。他们一家的英勇事迹广为传颂，民间流传的"杨家将"故事，就是根据他们的事迹演绎出来的。

　　杜太后病重，问宋太祖："你知道你得到天下的原因吗？"宋太祖说："是因为父母积德行善的缘故！"杜太后说："不对，是由于当时后周的皇帝太小了！如果当时有年长德高的皇帝，能轮到你吗？你以后应该把皇位传给你的弟弟，这才是国家的福气！"宋太祖叩头答应。杜太后又命令赵普把当时的对话记录下来，把它藏在金匣里，命令官人小心掌管。

知识链接

寇准澶渊退敌

寇准是历史上有名的贤相。那么，你知道历史上的贤相除了寇准还有哪些人吗？讲一讲他们的故事。

宋太宗赵光义在位的时候，连续向辽国发动了两次进攻，想要收回燕云十六州，然而都以失败告终了。从此以后，他对辽的政策也从主动进攻变成了积极防御。

公元997年，赵光义驾崩，他的儿子赵恒即位，即宋真宗。辽国趁着新皇帝即位，多次进犯宋朝边境。掠夺财物，屠杀百姓，给边境百姓带来了巨大的灾难。

公元1004年，辽国的萧太后和辽圣宗率领二十万兵马，浩浩荡荡地一路南下，向北宋发起了进攻。不久，先锋部队就到了黄河岸边的澶（chán）州（今河南省濮阳县）。军报铺天盖地向汴京飞来，宋真宗手足无措，只好找来大臣商量对策。一些大臣被辽军的强大气势吓破了胆，认为汴京肯定是保不住了，还是赶紧逃命要紧。他们有人主张迁都升州（今江苏省南京市），有人主张迁都益州（今四川省成都市）。宋真宗本来就无心抗敌，听了这些话更加惶恐不安了。

当时的宰相名叫寇准，他是个直言敢谏的人，宋太宗在位时他就身居要职。有一次，寇准上朝奏事时，惹怒了宋太宗。宋太宗怒气冲冲地站起来想回到内宫去。寇准却拉住宋太宗的袍子不让走，一定请宋太宗坐下听完他的话。事后，宋太宗称赞寇准说："我有寇准，就像唐太宗有魏征一样。"

寇准听到有人要投降，声色俱厉地对宋真宗说："这是谁给陛下出的主意呢？出这种主意的人就应该推出去斩首！陛下是神明威武的天子，如果您亲自出征，就一定可以鼓舞士气，击退敌军。如果放弃汴京南逃，势必动摇人心，这样一来敌人就会乘虚而入，国家便难以保全了。"

寇准

历史上有名的贤相，他为人正直，直言敢谏。后来遭到排挤，屡次被贬，最后病逝在雷州。

在寇准等一些主战大臣的鼓励下，宋真宗战战兢兢地率军亲征。可是刚刚走到了韦城（今河南省滑县东南），他就后悔了，想要退兵。寇准说："陛下，现在情况危急，我们只能前进一尺，不能后退一寸。前线的将士们听说您要亲征，日夜盼望着您的到来。这个时候退兵的话，军心就会涣散，不要说汴京了，陛下恐怕连金陵也保不住了！"真宗听了，这才同意继续进军，当他渡过黄河进入澶州城的时候，驻防将士们看到天子的黄龙大旗，无不欢呼雀跃，高呼"万岁"。

相关故事

寇准求教

寇准的一个朋友叫张咏，听说寇准当了宰相，对自己的下属说："寇公是奇才，只可惜学问与权术不够。"有一次寇准去陕州办事，恰好遇到张咏从成都罢职回来，寇准热情款待了他。分别的时候，寇准送他到郊外，向他请教。张咏缓缓地说："《霍光传》不可不读啊。"寇准不明白他的意思，回来把《霍光传》仔细学习了一遍。当看到书中"不学无术"的时候，笑着说："张公这是说我啊。"

　　宋军士气大振后，辽军的情况越来越不利：主将萧挞（tà）凛战死，又因为战线拉得太长，补给也出现了困难。萧太后只好派人向宋朝求和，这恰好也是宋真宗的心意，他立刻派出曹利用去辽营议和。寇准得到消息后，苦苦劝谏宋真宗，想要继续进攻，大败辽军，一举收复燕云十六州。可是胆小怕事的宋真宗根本听不进去。他对曹利用说："只要不割地，仅仅赔款的话，每年给一百万都可以。"寇准听到后，悄悄对曹利用说："陛下虽然说每年可以赔偿一百万，但谈判结果要是超过了三十万，你就提着脑袋来见我吧！"

曹利用知道寇准的厉害，到了辽营，经过一番讨价还价，宋辽双方正式达成和议，宋朝每年给辽国进贡绢二十万匹，银十万两。历史上把这次和议叫作"澶渊之盟"。

澶渊之盟后，寇准因为功高权重，受到了宋真宗的疑忌。不久，宋真宗借故把他贬斥出了朝廷，任命妥协派的王钦若当了宰相。

历史上的寇准十分清廉，据说他官至宰相后，都没有为自己建造一所私宅府第。他的好友魏野对此很感慨，作诗称赞他："有官居鼎鼐，无地起楼台。"从此以后，人们就叫寇准为"无楼台相公"了。

知识链接

王安石变法

王安石是我国历史上著名的改革家。他所倡导的变法为什么会失败呢？

澶渊之盟后，宋辽边境相对比较安稳。因为没有战事，所以宋真宗、宋仁宗、宋英宗三朝都大规模地裁过军，重文抑武的风气越来越严重。再加上每年都要向辽国进贡，北宋的国力越来越孱（chán）弱。

公元1069年，宋神宗赵顼（xū）即位，年仅二十岁。他是个比较有抱负的君主，看到当时的种种弊政，逐渐萌发了改革的念头。只是周围基本上都是宋仁宗、宋英宗时期的旧臣，这些人大多墨守成规、安于现状。因此宋神宗一直在默默地寻找

> **王安石**
>
> 　宋神宗年间的宰相，我国历史上著名的改革家，他推行的新法，对稳固宋朝的统治起到了积极的作用。

两宋

一个得力的助手。

当宋神宗还是颖王的时候，身边有个官员名叫韩维。他每次和宋神宗讨论问题，总会有一些新颖的观点。宋神宗夸他的时候，他总是说："您谬赞了，这些其实都是我的好朋友王安石的看法。"因此神宗登基后不久，就下旨召王安石进京。

王安石是我国历史上著名的改革家、文学家。他二十出头便考中了进士，后来放弃了进入馆阁（北宋以后掌管图书、编修国史的官署。能够进入这个机构任职，在当时是莫大的荣耀）的机会，一直做了十几年的地方官。因为他真心实意地为老百姓办事，所以政绩显著，被宋仁宗调入了京城。进京后，王安石踌躇满志，给宋仁宗上书请求变法，然而宋仁宗并没有采纳他的主张。对此，王安石非常失望。之后宋仁宗又多次召他去馆阁任职，他都推辞掉了。再后来，他看到当时的朝廷丝毫没有要变法的意思，便索性辞了官。

这次，他听说宋神宗要变法，因此一接到诏令，就兴冲冲地回了京。王安石一进京，神宗便召见了他，神宗询问王安石："要想治理好国家，首先应该从哪里着手呢？"

王安石说："首先要选好治理国家的方法。"

宋神宗又问："那唐太宗的治国之道怎么样呢？"

王安石说："陛下您要效仿就效仿尧、舜，为什么要效仿唐太宗呢？尧、舜的治国之道，简明扼要，只是后世人不了解，才会觉得深不可测。"

宋神宗说："只怕我资质平庸，会辜负你的这一番好意。请尽心尽力辅佐我，共同成就这一目标吧。"

在宋神宗的支持下，王安石开始变法，新法在财政方面有均输法、青苗法、市易法、免役法、方田均税法、农田水利法；在军事方面有置将法、保甲法、保马法等。这次变法对巩固宋王朝的统治、增加国库的收入，起到了积

极的作用。但是，也触犯了大地主的利益，遭到许多朝臣的反对。

相关故事

王安石请客

王安石做宰相的时候，他儿媳妇的一个亲戚到了京城，拜访了王安石。王安石邀请他第二天来家里吃饭，这位公子以为王安石一定会设宴款待他，第二天一早，便盛装前往。

到了中午，他觉得很饿，可是王安石一点儿动静都没有。又过了很久，王安石才下令入座。可是桌子上什么菜肴都没有。等到他们喝了几杯酒，仆人才端上来两块胡饼。这个公子平时养尊处优惯了，所以只吃胡饼中间的一小部分。王安石看到了，就把剩下的饼拿过来吃掉了。那个人非常惭愧，讪讪地告辞了。

公元1074年，天下大旱，百姓流离失所，宋神宗对此非常焦急。王安石认为旱涝等自然灾害，即便是尧舜时代也是在所难免的，只要尽力救助就可以了。然而一些人却借机向宋神宗进谗言，说这都是王安石变法引起的，更有人画了"流民图"，进献给了宋神宗。就连宋神宗的祖母曹太后和母亲高太后，也整天哭哭啼啼地对宋神宗说："这都是因为王安石变法乱了天下！"所以宋神宗也开始怀疑起了王安石，于是罢免了他。

后来，宋神宗又一次把王安石召回京城当宰相。不久，天空出现了彗星，这在当时被认为是不吉利的预兆。因此又有人借机诋毁王安石和他的新法。王安石竭力为新法辩护，请宋神宗不要相信这种迷信说法，但宋神宗还是犹豫不定。

最后，王安石辞去了宰相之职，回江宁（今江苏省南京市）去了。过了不久，宋神宗病死了。宋神宗死后，保守派得势，王安石的新法全部被废除。公元1086年，王安石带着遗憾离开了人世。

王安石不仅是政治家，还是个伟大的文学家，他是"唐宋八大家"之一。其诗歌风格独树一帜，被后世称作"王荆公体"。

知识链接

两宋

 说一说，在防守汴京的过程中，李纲都遇到了哪些困难？他是如何一一克服的？

李纲坚守汴京

公元1100年，宋徽宗赵佶（jí）登上了皇位。这个时候，在我国东北有个叫"女真族"的民族，逐渐强盛起来。公元1115年，他们的首领完颜阿骨打在会宁府（今黑龙江省哈尔滨市阿城区）正式称帝，国号"大金"。他就是金太祖。

大金政权建立后，接二连三地攻打辽国。这个时候，有人向宋徽宗建议与金结盟，趁机收复燕云十六州。然而金灭辽后，却违背了盟约，立刻发兵南下，把进攻矛头转向了曾经的盟友北宋。

李纲

两宋之际抗金名臣，民族英雄。金兵入侵汴京时，负责汴京城的防御，他团结军民，最终击退了金兵。

公元1125年，金兵逼近汴京。消息传到了宋徽宗的耳中，他又急又气，昏死了过去，醒来后，赶紧传位给了太子赵桓，自己带着一帮大臣跑到亳州（今安徽省亳县）避难去了。

赵桓即宋钦宗，他即位后，立刻有大臣建议割地议和。李纲知道后，对宋钦宗说："祖宗好不容易挣下的疆土，应该以死守卫，哪怕一尺一寸都不能割让给别人啊！"宋钦宗采纳了李纲的建议，任命他做了兵部侍郎。

公元1126年，金将完颜宗望领兵渡过了黄河，宋军在前线接连吃了几个败仗。这个时候，宰相白时中和李邦彦劝宋钦宗赶紧逃跑。宋钦宗犹豫不定。

李纲劝说道："太上皇传位给陛下，是希望您能留守京城，又怎么能弃城而逃呢？"

白时中一听，立刻站出来反对说："金兵来势汹汹，京城根本守不住！"

李纲听了，非常生气，他说："天下的城池没有比京城更坚固的。如果京城都守不住，那么更不要说别的地方了！再说了，我们的宗庙社稷都在京城，舍弃了它，要到哪里去呢？"

看到大臣们争论不下，宋钦宗心里更是忐忑不安，他问："那么到底该怎么办？谁又能守城呢？"

两宋

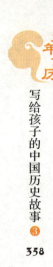

李纲看了一眼白时中和李邦彦，说："国家平时用高官厚禄供养官员，就是为了危急的时候要大家出力。白时中、李邦彦身为宰相，应当担当起守城的责任。"

相关故事

太学生上书

在防守汴京的时候，宋钦宗又一次听信谗言，罢免了李纲。这个消息一传出来，群情激昂。太学生陈东带领了几百名太学生来到皇宫的宣德门外，上书请愿，要求朝廷恢复李纲、种师道的官职，惩办李邦彦、白时中等奸贼。

东京城的军民听说太学生请愿，不约而同地来到宣德门前，一下子就聚集了几万人。禁军将领一看事情闹大了没法收拾，进宫劝宋钦宗答应大家的要求。宋钦宗没办法，只好派人召李纲进宫，并且当众派人宣布恢复李纲、种师道的职务。

白时中、李邦彦气坏了，立刻说："如果真的两军对垒，你李纲敢领兵出战吗？"

李纲说："我虽然资质平庸，但是陛下如果不嫌弃，我愿意为国尽忠！"宋钦宗看到李纲态度坚决，就把防守汴京的重任托付给了他。

可是没过多久，宋钦宗又反悔了，打算逃到南方去。李纲赶回朝廷一看，禁军个个都甲胄（zhòu）在身，连宋钦宗乘坐的马车都准备好了。李纲急忙问："你们是愿意留下来，保家卫国，还是愿意跟皇上逃到南方去？"

禁军们都高呼："父母妻子都在这里，我们愿意保卫京城！"

李纲又对宋钦宗说："陛下说好留下的，怎么突然又要离开呢？现在禁军的家属都留在京城，他们都愿意守卫京城。陛下执意要出走，万一他们走到半路逃回来，陛下岂不更危险了？"

宋钦宗觉得李纲讲得有道理，这才决定留了下来。李纲看到稳住了宋钦宗，就积极地为防守工作做准备：他准备了足够的防守器械，在京城四面都派出重兵把守。金兵将领完颜宗望看到汴京城防坚固，一下子攻不下来，就耍起了政治手腕，派人通知北宋，要求讲和。

他一边提出苛刻的条件，一边却加紧攻城。李纲不顾个人安危，亲自登上城楼，指挥作战。金兵用云梯攻城时，李纲命令弓箭手射箭，金兵纷纷中箭倒下。李纲又派几百名勇士沿着绳索吊到城下，烧毁了金军的云梯，杀死

两宋

　　几十名金将。金兵被杀死的、掉进护城河里淹死的不计其
数。这时，各地勤王的队伍也纷纷赶来救援，军民一心，
几次打败了攻城的金兵。

　　最终，在李纲的带领下，军民齐心协力地死守汴京。
完颜宗望无力攻破汴京，只好撤兵。然而金兵撤离后，李
纲立刻遭到投降派的排斥和诬陷，被贬谪到南方去了。

东京保卫战胜利后，金兵虽然撤退了，可是软弱的北宋朝廷还是答应将太原、中山、河间三镇割给金国，从此，首都汴京失去了最后的保护屏障。

知识链接

靖康之难

"靖康之难"后，北宋正式宣告灭亡。说一说北宋灭亡的
原因。

金兵撤退后，宋钦宗以为从此可以做个太平天子了，于
是派人把宋徽宗接回了京城，朝廷上下又开始歌舞升平。

可是金太宗一得到李纲被贬谪的消息，立刻又命令完
颜宗望、完颜宗翰兵分两路，进攻汴京。

公元1126年11月，完颜宗望、完颜宗翰的大军兵临城
下，汴京又一次陷入重围之中。这个时候，勤王的队伍已经被
遣散，主战的李纲、种师
道等人也被罢了官。城中
的军民没有了主心骨，人
心涣散，无心抵抗。

就在宋钦宗束手无
策的时候，有一个名叫

赵桓

即宋钦宗，北宋的末代
皇帝，靖康之难后被掠到
了金国，后来病死在了五
国城。

郭京的人，自称可以打败金兵。这个郭京原本是个行走江湖的骗子，他吹嘘自己有撒豆成兵的本领，声称只要朝廷能给他七千七百七十七名士卒，他就能击退金兵。

这个说法虽然荒诞离奇，可是当时的一些朝臣深信不疑，甚至把郭京当成了最后一根救命稻草。结果等到金兵攻城的时候，郭京和他的"神兵"上战场一交锋，全都垮了下来。

公元1127年1月，汴京被金兵攻破。宋钦宗无计可施，只好痛哭了一场，亲自带着几个大臣捧着降书，到金营去求和。完颜宗望、完颜宗翰狮子大开口，勒令钦宗把河东、河北土地全部割让给金国，并且向金国进献黄金一千万锭，白银二千万锭，绢帛一千万匹。宋钦宗一一答应，完颜宗望放他回到汴京。

宋钦宗前脚回到汴京，完颜宗翰派来索要金银的使者就到了。当时国库空虚，根本凑不齐这笔巨款，然而这个时候的宋钦宗已经吓破了胆，一味屈膝退让，他立刻命令大臣向百姓搜刮金银送到金营。尽管如此，完颜宗翰等人还是嫌他动作太慢，不久又找了个借口，把他叫到金营，扣押了起来，说要等交足金银后再放回来。

官员们没有办法，只好加大搜刮的力度。连贫民、僧人、娼妓都不放过，尽管如此，才搜集到黄金十六万两、

两宋

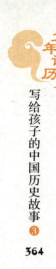
白银二百万两、绫罗绸缎一百万匹。这个时候，汴京城中的百姓连吃的都没有了，饿死、病死的不计其数，境况惨不忍睹。昔日富足繁华的汴京，在金人的贪得无厌中逐渐沦为了一片废墟。

相关故事

踏花归来马蹄香

宋徽宗擅长书法和绘画，一次，他以"踏花归来马蹄香"为题来考当时的画师。这里"香"是无形的东西，用画很难表现。许多画师虽有丹青妙手之誉，却面面相觑，无从下笔。

只有一青年画师别出心裁地画了这么一幅画：几只蝴蝶飞舞在奔走的马蹄周围，这就形象地表现了踏花归来，马蹄还留有浓郁的馨香的意境。宋徽宗看了，非常高兴，连声称赞说："这幅画妙在立意巧而意境深。让无形的花香跃然纸上，使人感到香气扑鼻啊！"

公元1127年4月，完颜宗翰、完颜宗望和他们率领的金军，俘虏了宋徽宗、宋钦宗两个皇帝以及皇亲国戚、各种手工业匠人三千多人返回金国。同时，还掠夺了数不清的文物图书和金银财宝。因为这件事发生在北宋靖康年间，因此历史上称之为"靖康之难"。

　　靖康之难后，统治了一百六十多年的北宋王朝在莫大的耻辱中宣告灭亡。当时皇族中只有康王赵构领兵在外，逃过了这场灾难。

　　1127年5月，赵构在南京应天府（今河南省商丘市）即位，即宋高宗，南宋正式建立。

北宋灭亡后，金人把宋钦宗废黜为庶人，扶持一向主和的张邦彦为帝，建立了国号为"大楚"的傀儡政权。

知识链接

岳飞立志抗金

 岳飞是我国历史上著名的抗金名将。关于岳飞抗金的故事，你还知道哪些，请讲一讲。

岳飞是我国历史上著名的抗金名将，他带领岳家军抵抗金兵的故事，称得上是家喻户晓。

岳飞少年时期就非常有抱负，读了不少兵书。他天生力气过人，能拉开三百斤的弓。当时有个叫周侗的人，箭术高明，岳飞便拜他为师，学得一手好箭法，能左右开弓，百发百中。

后来岳飞从了军。几年后，

他被调到抗金名将宗泽的部下当将领。因为屡立战功，宗泽非常欣赏他，对他说："像你这样智勇双全，即使古代名将也不过如此。但是光靠冲锋陷阵，毕竟不是常胜的办法。"他交给岳飞一份古代用兵作战的阵图，说："这个你拿去好好研究一下。"

岳飞接过阵图，向宗泽道了谢，接着说："摆好阵势作战，这是兵法的常规。但是要把它运用得巧妙得当，灵活多变，全在于潜心思考。"宗泽听了，连连点头，十分赞赏这个青年将领的见解。

南宋著名的抗金名将。率领岳家军同金军进行了大小数百次战斗。后来遭秦桧构陷，以莫须有的罪名和长子岳云一起遇害。

宗泽死后，岳飞把抗金作为了自己的职责，一心想要收复中原。到了公元1135年，岳飞麾（huī）下的军队达到了十万人左右，被称为"岳家军"。

岳家军的军纪十分严明，军中有一个口号，叫作："冻死不拆屋，饿死不掳掠。"但是在生活中，岳飞非常关心手下的将士们。兵士生病时，他常常亲自替他们调药；部下将领出征的时候，他就叫妻子慰问他们的家属；将士在战争中阵亡，他就抚育他们的子女；上级赏给他财物，他一概分配给将士，自己分毫不取。

因此岳家军将士士气旺盛，作战勇猛，打起仗来，每战必胜。金兵遇到岳家军时，没有一个不害怕，他们中间流传着一句话："撼山易，撼岳家军难。"

公元1140年，金将完颜宗弼率领四路兵马大举南下，宋高宗命令岳飞出兵应战。岳飞接到命令后，立刻挥

师北上，双方主力在郾城（今河南省漯河市）相遇了。

因为岳飞以及岳家军的威名，完颜宗弼一点都不敢大意，赶忙集中兵力想要和岳飞决一死战。当时在完颜宗弼的手下，有一支王牌劲旅，由"铁浮图"和"拐子马"组成。

铁浮图也叫铁塔兵，是完颜宗弼精心训练的一支骑兵，他们连人带马都披上精铁铸成的盔甲，刀枪不入。拐子马是作战的时候，从两边包抄的精锐骑兵，每三匹马为一组，用锁链连在一起。完颜宗弼只要出动这支可怕的兵团，就一定能够战无不胜。

这次，完颜宗弼出动了大约一万五千多名骑兵，向宋军冲杀过来。岳飞派步兵拿着一种叫"麻扎刀"的武器，冲进金兵阵营中专砍马腿。马被砍倒了，完颜宗弼的骑兵纷纷跌下马来。这时，岳飞立刻命令大部队全线出击，金兵大败，铁浮图、拐子马全军覆没。完颜宗弼气得失声痛哭，说："我从领兵的第一天起，就是靠着'铁浮图'和'拐子马'打胜仗，这下子全完了！"

这时候，黄河两岸的各路义军，也纷纷响应。他们打起岳家军的旗帜，到处打击金军，截断金军的运粮线。金兵吓得心惊胆战。

岳家军节节胜利，一直打到距离东京只有四十多里的朱仙镇（今河南省开封市西南）。岳飞这时再也掩饰不住心里的兴奋，鼓励部下说："大家努力杀敌吧。等我们直捣黄龙府的时候，大家再一起开怀痛饮！"

相关故事

莫须有

岳飞被诬陷下狱后，秦桧一伙找不到他反叛朝廷的证据，可他最后还是和儿子岳云、部将张宪一起遇害了。岳飞死后，激起了抗金军队和百姓的强烈愤怒。韩世忠当面质问秦桧，秦桧支吾着说："岳飞的儿子岳云和部将张宪设计为岳飞收回兵权，这件事莫须有（或许有）。"韩世忠当场驳斥："'莫须有'三个字，怎么能让天下人信服呢？"然而抗金英雄岳飞就在这"莫须有"的罪名下，含冤而死。

正当岳飞要渡过黄河北进时，宰相秦桧却企图放弃淮河以北地区，请求宋高宗命令岳飞班师回朝。宋高宗听了秦桧的话，一天之内竟然连下十二道金字牌，要岳飞班师回京。面对这样荒唐的命令，岳飞愤慨地说："十年的努力，就这样毁于一旦了！"

公元1141年，秦桧和宋高宗决心向金人求和，他们

两宋

恐怕岳飞阻挠，便把岳飞调离了军队，解除了他的兵权。公元1142年，宋高宗和秦桧以"莫须有"的罪名杀害了岳飞，当时岳飞只有三十九岁。

岳飞遇害的消息传出后，老百姓们全都痛苦流泪。然而金国的统治者听到岳飞被处死后，终于消除了心腹大患，开心地相互举杯庆贺起来。

岳飞冤死后，一个名叫隗顺的狱卒，他冒着生命危险将岳飞的遗体连夜背出城外，偷埋在九曲丛祠旁。隗顺死前，又把这件事告诉了儿子，说："岳元帅精忠报国，今后一定有昭雪冤案的一天！"1162年宋孝宗为岳飞沉冤昭雪，又下旨寻找岳飞的遗体。隗顺的儿子把真相告知官府，岳飞的遗骨这才迁葬到了西湖岸边的岳王庙。

知识链接

少年读历史
写给孩子的中国历史故事 ❸

文天祥一身正气

 读完这个故事，请想一想文天祥最值得我们学习的地方是什么呢？

文天祥是我国历史上著名的抗元英雄。他是江西吉州（今江西省吉安市）人，吉州人杰地灵，文天祥小的时候，他读书的地方挂着欧阳修、胡铨（quán）等同乡的画像，这些人的谥号中都有一个"忠"字。文天祥非常仰慕他们，说："如果能成为他们当中一员的话，那才算是真正的男子汉啊！"

文天祥

> 南宋末年抗元名臣。被俘后宁死不屈，最终英勇就义。和陆秀夫、张世杰并称为"宋末三杰"。

文天祥二十岁的时候便考中了进士。殿试的时候，因为表现出众，被宋理宗亲自选拔为头名状元。他虽然才华横溢，可是当时朝政

两宋

373

黑暗，奸臣贾似道专权。文天祥为人刚正不阿，得罪了贾似道，于是被罢了官。

公元1275年，元军的进攻越来越激烈，南宋眼看就要灭亡了，朝廷只好诏令天下兵马勤王。文天祥接到诏书后痛哭流涕，立刻变卖家产，募招了三万人马，准备赶到临安去。他的好朋友拦住他，说："现在元军长驱直入，你带着这些人就算到了临安，也是赶着羊群和猛虎斗争，一定会失败的，你这又是何苦呢？"

文天祥说："这个道理我又怎么不明白呢。只是国家养兵多年，现在临安危急，却没有一兵一卒保卫京师，这太让人痛心了！我虽然能力有限，但宁愿以死殉国，给天下的忠义之士做一个榜样，大家能够闻风而起，这样国家才有保全的希望。"

相关故事

朝中无宰相，湖上有平章

当时南宋外有元军大举进攻，内部危机重重，而掌握朝政大权的贾似道置朝政于不顾，每天以斗蟋蟀为乐。还写了一本《促织经》，描述自己养蟋蟀、斗蟋蟀的经验。

一天，贾似道正趴在地上和妻妾们斗蟋蟀玩，一个熟悉的赌友拍拍他的肩膀，笑着说："这就是平章的军国重事吧？"在宋代，平章就是宰相的别称。贾似道听了居然哈哈大笑起来。贾似道的大部分时间几乎都是在斗蟋蟀和西湖游玩取乐中度过的。于是时人借机编出歌谣讥讽说："朝中无宰相，湖上有平章。"

公元1276年，文天祥担任临安知州。没过多久，元朝统帅伯颜率兵逼近临安。当时朝廷中的好多官员都逃走了，朝廷急忙任命文天祥做了右丞相，去敌营和伯颜谈判。他据理力争，惹怒了伯颜，被扣押了下来。不久，太后谢道清递交了降书，文天祥被押往大都（今北京市）。

到了镇江的时候，他和几个随从逃了出来。后来他听到张世杰和陈宜中在福州拥立新皇帝即位的消息，就决定到福州去。文天祥到福州后，因为和陈宜中政见不和，只好又离开了朝廷，到南剑州（今福建省南平市）建立都督府，招募人马，准备反攻。

公元1278年，投降了元朝的南宋大臣张弘范派兵攻打驻守在潮州的文天祥。文天祥兵少势孤，不幸又一次做了俘虏。张弘范要文天祥写信给另一名抗元将领张世杰，劝说他投降。文天祥冷笑着说："我既然不能保全自己的父母，又怎么能够教唆别人背叛父母呢？"后来张弘范多次索要书

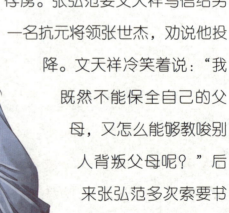

信，文天祥毫不犹豫地挥笔写下了"人生自古谁无死，留取丹心照汗青"的千古名句。

张弘范被文天祥的忠义所折服，派人将文天祥护送到了大都。当时忽必烈多次搜求有才能的南宋官员。南宋降臣王积翁说："南宋官员中没有谁比得上文天祥的。"于是，忽必烈赶忙派王积翁去招降文天祥，文天祥誓死不从。这时，王积翁又请求忽必烈放了文天祥，可是另一位降臣留梦炎不同意，他说："如果放了文天祥，他又继续在南方起兵抗元，那该怎么办呢？"于是忽必烈下令把文天祥关押了起来。文天祥在狱中写下了《正气歌》明志，再一次表明自己宁死不屈的决心。

公元1282年，忽必烈亲自招降文天祥，文天祥说："我深受宋朝的恩德，身为宰相，又怎么能变节投降呢？请赐死我，了结我的心愿吧！"

公元1283年1月，文天祥在柴市口从容就义。临刑前，他问狱卒哪里是南方。狱卒指给他后，他朝着南方拜了几拜，说："我的心愿了了！"文天祥死的时候，只有四十七岁，他用自己的铮（zhēng）铮铁骨奏响了一首正气之歌。

成吉思汗统一蒙古草原后，公元1211年，大举进攻金朝。公元1234年，金朝在蒙、宋两军夹击下灭亡。公元1271年，忽必烈即位，改国号为元。他派左丞相伯颜率领元兵二十万，兵分两路进军江南，决定一鼓作气消灭南宋。

知识链接

张世杰崖山死战

崖山海战后，南宋正式宣告灭亡。说一说张世杰在崖山海战中失利的原因。

张世杰是南宋末年的抗元名将，他年少从军，因为英勇善战，所以官职一升再升。

公元1275年，张世杰率领部下开往临安勤王。当时情况十分危机，各地的勤王军中只有张世杰率领的兵马按时赶到。1276年，元军逼近临安，张世杰建议让宋恭宗、谢太后等转移到海上，这样刚好可以和文天祥里应外合，还有一丝取胜的希望。可是，当时的宰相陈宜中一心要投降。张世杰一气之下，领兵进入了定海（位于

张世杰

南宋末年抗元名将。崖山海战宋军的总指挥，兵败后，在平章山下溺亡。与文天祥、陆秀夫并称为"宋末三杰"。

两宋

长江口与杭州湾的交汇处）。

临安被元兵占领后，大臣陆秀夫和南宋的一部分皇族护送益王赵昰（shì）和卫王赵昺（bǐng）逃到了福州。陆秀夫派人找到张世杰、陈宜中，把他们请到福州。三个人商量了一下，决定拥立益王赵昰即位，即宋端宗，继续打起宋朝的旗帜，反抗元朝。

公元1278年，宋端宗病死，卫王赵昺即位。当时江南地区已经被元兵占领，加上元军主帅张弘范步步紧逼，张世杰只好率军退守厓（yá）山（位于今广东省江门市新会区）。

公元1279年正月，张弘范率军抵达厓山。这时，有人劝说张世杰："如果元军堵住海口，我们就没有退路了，为什么不先占据海口呢？如果侥幸取胜的话，这是国家的福分；万一失败了，还可以继续向西撤退。"张世杰却担心军队常年在海上，慢慢地会军心涣散，于是说："连年航行在海上，什么时候才是头呢？现在应该和敌人决一死战！"

张世杰下令烧掉了陆地上的据点，把一千多条战船排成一字阵，用绳索连接起来，想要跟元兵决一死战。张弘范下令火攻，他派出一些小船，装满了茅草、膏脂等易燃物品，乘风纵火冲向宋船。谁知道张世杰早有防备，他命人给每条船都涂上了厚厚的淤泥，抵御住了元军的火攻。

　　火攻失败后，张弘范封锁了海口，断绝了宋军的水源。宋军将士在海上饿了吃干粮，渴了只能喝海水。海水又咸又苦，兵士们越喝越渴，慢慢地都生了病。张弘范又趁机多次发起进攻，可是宋军誓死抵抗，双方相持不下。张弘范非常着急，就派人劝说张世杰投降。张世杰毅然拒绝，他说："我知道投降了能生存而且能富贵，但是我以死报国的志向是不能动摇的。"

2月20日，双方进行了最后的决战，张弘范分兵四路，发动猛攻。宋军正在拼死抵抗时，张世杰和将士们突然听得张弘范所在的指挥船上奏起了音乐，以为元军将领们正在举办宴会，稍微松懈了一下。谁知道这个乐声居然是元军总攻的讯号。突然，万箭齐发，像下雨一样向宋船射了过来。元军在乱箭掩护下，一连夺了宋军七条战船。战斗从晌午一直持续到傍晚，厓山的海面上杀声震天，海水都被鲜血染红了。

张世杰正在指挥战斗，忽然看见一条宋船降下了旗帜，停止了抵抗，其他战船也陆续降了旗。张世杰看到这个情况，急忙把精兵调往中军组织突围。最终只带着十几艘大船突围了出来。

张世杰突围后，船行驶到了平章山，海上突然刮起了飓风。将士们劝张世杰登岸，张世杰说："不必了。我为了大宋，能做的事都做尽了。我之所以还没有以身殉国，是希望敌军退兵后，再拥立宗室子弟，延续大宋的社稷啊！现在竟然又遇到了这么大的风暴，这是天意啊！"不久，强劲的大风摧毁了他们的船只，这位宁死不屈的抗元将领也溺水牺牲了。

厓山海战后，南宋正式宣告灭亡，成吉思汗的子孙们从此统一了中国。

陆秀夫负帝投海

厓山海战的时候，陆秀夫负责保护小皇帝赵昺。张世杰战败后，陆秀夫看到大势已去，于是换好朝服，哭着对赵昺说："国家到了这步田地，请陛下以身殉国吧，千万不能做俘虏被人羞辱！"说完将国玺系到了赵昺的腰间，背起年仅八岁的赵昺纵身跃进了大海。其他船上的大臣、宫眷、将士听到这个噩耗，顿时哭声震天，数十万人纷纷投海殉国。

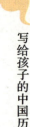

　　厓山海战是我国古代规模最大的一次海战。宋军战败后，据说有十万余人投海殉难，宁死不降。当时的南宋丞相文天祥，作为元军的俘虏，亲眼看到了该次战斗的惨烈，并且写下了"谁雌谁雄顷刻分，流尸漂血洋水浑"的诗句。

知识链接

少年读历史

读

竹马书坊 ——

编著

写给孩子的中国历史故事

④

天津出版传媒集团

天津人民出版社

元、明、清

元世祖重用儒士

 元朝是一个由蒙古族创建的朝代。说一说，元世祖忽必烈有哪些过人之处呢？

元世祖忽必烈是成吉思汗的孙子，他在位的时候，非常重视汉文化。

公元1251年，忽必烈的哥哥蒙哥担任蒙古帝国的大汗。蒙哥觉得忽必烈很有才干，就把大漠以南汉族地区的各种事务交给他处理。

当时的蒙古人非常崇尚武力，蒙古铁蹄所向披靡，所有的大好河山，都是从马背上得到的。当忽必烈面对这片广袤（mào）的被征服的土地时，有一个问题一直在困扰着他——到底该如何去治理呢？他思来想去，认为要把天下治理好，就一定要重用读

字儿只斤·忽必烈

即元世祖，元朝的开国皇帝。蒙古尊号为"薛禅汗"。

书人。

　　因此，忽必烈招募了不少精通儒学的人，向他们请教治理国家的办法。这样一来，在他的王府中便聚集了一大批以汉人为主的知识分子，这些人都成了他的幕僚。

　　刘秉忠就是他们当中的一员。刘秉忠生而早慧，八岁的时候就能够背诵不少经典。十七岁的时候，担任了邢台节度使府令史（官名，负责文书管理），因为官职太小，

他常常郁郁寡欢。有一天，他大发感慨："我家世代为官，怎么会甘心沦为书记小吏呢？大丈夫生不逢时，只有隐退等待时机了。"于是便辞官隐居了起来。

相关故事

许衡不食无主梨

许衡是元代著名的学者，有一次，他出去办事。当时正值盛夏，天气炎热，行路的人都口渴难耐，路边正好有一棵梨树，路人纷纷去摘梨吃，只有许衡静坐在树下，一动也不动。有人非常不理解，就问他："为什么不摘梨子解渴？"许衡说："不是自己的梨子，怎么能随便乱摘呢？"那个人觉得许衡太迂腐了，就嘲笑他："世道这么乱，梨树哪有主人呀！"许衡一本正经地说："梨树虽然没有主人，难道我们的心也无主了吗？"他的一席话，说得周围的人都很羞愧。

后来一个偶然的机会，刘秉忠见到了忽必烈，忽必烈发现他博学多才，对天下大事了如指掌，于是非常重视他，把他留在自己身边供职。刘秉忠跟随忽必烈征伐大理和南宋时，竭力劝阻忽必烈不要滥杀无辜。忽必烈听从了他的建议，一改蒙古人屠城灭族的野蛮行径，无数老百姓的生命因此得到了保全。

刘秉忠经常跟随在忽必烈的左右，他奉命主持修建了新的都城；参考唐代的《开元礼》，制定了元朝的朝廷礼仪；根据《易经》"大哉乾元"的意思，建议忽必烈将蒙古更名为"大元"……忽必烈的重要决策他基本都参与过，因此被人称作"聪书记"。

不仅如此，刘秉忠还向忽必烈推荐了张文谦、姚枢、李德辉、马亨等一大批有才干的汉族知识分子。忽必烈在这些人的辅佐下，恢复科举，制定历法，兴修水利，国家逐渐变得繁荣稳定起来。

忽必烈作为一个征服者，他能够意识到"以马上取天下，不可以马上治"的重要性，推崇儒术，优待天下读书人，为元朝日后的长治久安奠定了基础。

元、明、清

《授时历》是元代的郭守敬修订的新历法。这部历法比旧历法精确得多，它算出一年有365.2425天，同地球绕太阳一周的时间只相差26秒。

知识链接

红巾军起义

 红巾军起义是我国历史上又一次大规模的农民起义。说一说红巾军起义爆发的原因。

　　元朝建立后，蒙古统治者把老百姓分成蒙古人、色目人、汉人、南人四个等级。其中以汉族为主的汉人和南人都是贱民，他们承受着沉重的赋税以及种种不公平的待遇，在社会的最底层苦苦挣扎着。

　　公元1333年，元顺帝即位，他是元朝的最后一位皇帝，在位期间声色犬马，加大了对百姓的奴役力度，百姓们更是苦不堪言。

　　公元1344年的夏天，中原一带的黄河流

孛儿只斤·妥欢帖木耳

　　即元顺帝，元朝的最后一个皇帝。即位初期，勤于政事，后期沉湎享乐，很多地方都爆发了农民起义。明军攻破大都后，逃亡到了上都，建立了"北元"。

元、明、清

域一连下了二十多天的暴雨，白茅堤、金堤（今河南省兰考县东北）等都决了口，洪水泛滥，两岸百姓遭受了严重的水灾，饿死、病死的不计其数。洪水决堤又冲坏了山东的盐场，严重影响了国库的收入，因此公元1351年，元顺帝强行征发了十五万民工到黄陵冈开凿新河道。

开河工程开始了，民工们在烈日暴雨下被迫日日夜夜没命地干活，可是朝廷拨下来的开河经费却让治河的官吏克扣了去。开河的民工连饭也吃不饱，怨声载道。

当时有两个人，一个叫韩山童，另一个叫刘福通。他们是白莲教（唐、宋以来流传民间的一种秘密宗教组织）的首领，一直在北方传教。他俩看到老百姓都不堪忍受元朝的暴政，决定趁着这个机会起兵反元。

他们一面派人散布"石人一只眼，挑动黄河天下反"的谣言，一面暗地里凿了一个独眼石人，悄悄派人埋在即将挖掘的黄陵岗附近的河道上。

民工们刚听到这个民谣的时候，还不太明白是什么意思。当他们开河开到了黄陵岗时，突然挖出了一个石人来。大家好奇地凑近一看，发现石人的脸上竟然只有一只眼，联想到之前的民谣，民工们惊诧不已，反抗的情绪顿时被煽动了起来。

韩山童和刘福通看到时机已经成熟，于是便策划起义。韩山童自称是宋徽宗的第八代子孙，刘福通则自称是南宋名将刘光世的后代，他们打起了推翻元朝，恢复大宋的旗号，百姓们纷纷响应。大家推举韩山童做了领袖，号称"明王"。可是就在万事俱备的时候，有人走漏了风声。韩山童被官府抓走，不久就英勇就义了。

刘福通冲出重围，把约定起义的农民召集起来，攻占了颍（yǐng）州（今安徽省阜阳市）。因为起义军将士们头上裹着红巾，历史上称之为"红巾军"。开河的民工们听到消息后，也纷纷投奔起义军，不到十天，红巾军就发展到十多万人。

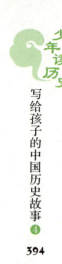

红巾军每到一处，都会开仓散米，赈济贫民，深得百姓拥护。老百姓纷纷加入红巾军，刘福通的队伍迅速扩大到几十万人。公元1355年，刘福通把韩山童的儿子韩林儿迎到了亳州（今安徽省亳州市），立韩林儿为"小明王"，国号"大宋"，建立起了北方起义军的政权。

相关故事

鲁班天子

元顺帝治理国家虽然不在行，但是在建筑工艺、机械工程等方面是一个天才。据说他曾经在宫苑中建造了一艘巨型龙船，这艘龙船的设计、雕琢都非常精巧。龙船在水中行驶的时候，龙头、龙眼、龙口、龙爪以及龙尾都会活动，远远看上去就像是真的一样。他还制作了一个宫漏，用来计量时间。它不仅能精确报时，最特别的是宫漏上面有一个日月宫，宫前放有六个仙人，每天子午时分，仙人会自动走过仙桥，再走到三圣殿，然后复位。因此，大都人都管他叫"鲁班天子"。

红巾军声势浩大，引起了元朝的统治者极大的恐慌，他们纠集兵力，向红巾军发动围攻。公元1363年，刘福通战死，不久，红巾军建立的韩宋政权也宣告灭亡了。

　　历时十二年的红巾军起义以失败告终了，但是它为明太祖朱元璋瓦解和推翻元朝的统治奠定了基础。

　　　刘福通是个英勇善战的人，韩宋政权建立后，他派出三路北伐大军，直指元大都。虽然最终失败了，但是大大挫伤了元朝的主力军，为以后朱元璋的统一奠定了基础。

知识链接

鄱阳湖之战

 讲一讲，在鄱阳湖大战中，朱元璋为什么会取得最终的胜利？

　　元朝末年，北方的红巾军起义虽然失败了，可是南方以朱元璋、陈友谅等为首的起义军，依然活跃在历史的舞台上。

　　就在朱元璋把应天府（今江苏省南京市）作为根据地，想要继续扩充自己势力的时候，遇到了一个强大的对手——陈友谅。陈友谅原本是南方另一位红巾军首领徐寿辉的部下。后来，他干脆杀死了徐寿辉，自己称帝，改国号为"汉"。

　　公元1360年，陈友谅约张士诚两面夹击

朱元璋

　　即明太祖，明朝的开国皇帝。他结束了元朝的统治，收复了丢失了四百多年的燕云十六州，统一了中国。

应天府，一心想吞并朱元璋的地盘。他率领着强大的水军，从采石矶（jī）（今安徽省马鞍山市西南）沿江东下，没几天就到了应天府。

因为双方实力悬殊，应天府人心惶惶，有人主张逃跑，有人认为应该趁早投降，大家七嘴八舌，议论纷纷。只有一位名叫刘基的谋士站在一边，一声不吭。

朱元璋趁没人的时候，悄悄把刘基叫进来，征求他的意见。刘基愤愤不平地说："那些主张逃跑或投降的人，就应该抓起来斩首！"

朱元璋听了，立刻说："请问先生有什么绝妙的计谋吗？"

刘基说："这个不难，陈友谅现在有点儿得意忘形，我们只要能诱敌深入，然后设下埋伏，就一定能取胜。"朱元璋觉得刘基说得有道理，前思后想，想出了一个好办法。

朱元璋有个名叫康茂才的部下，之前和陈友谅是好朋友。朱元璋让康茂才给陈友谅写了一封信，说自己守卫京东的木桥，等他攻打应天府的时候，愿意做内应。然后又派了一名老仆人，前去送信。陈友谅认识这名仆人，因此一点儿没有怀疑。老仆人一回到应天府，朱元璋立刻派人把江东的木桥拆掉，改建成一座石桥。

陈友谅呢？他以为有康茂才做内应，这次一定万无一失。于是当晚下令水军全体出发，向江东桥进发。谁知道到了约定地点，看到的竟然不是木桥，而是石桥。陈友谅的部将们都起了疑心。陈友谅想，管它石桥还是木桥，只要能找到康茂才就可以了。可是他走到石桥旁边，一连喊了几声"老康"，都没人答应。陈友谅这才知道自己上了当，急忙命令船队撤退，可是已经来不及了。

相关故事

月饼起义

中秋节吃月饼相传始于元代。当时，中原广大人民不堪忍受元朝统治阶级的残酷统治，纷纷起义抗元。朱元璋联合各路反抗力量准备起义。但朝廷官兵搜查得十分严密，传递消息十分困难。军师刘基便想出一计策，命令属下把藏有"八月十五夜起义"的纸条藏入饼子里面，再派人分头传送到各地起义军中，通知他们在八月十五日晚上起义响应。到了八月十五，各路义军一齐响应，徐达很快就攻下了元大都。消息传来，朱元璋非常高兴，下令将秘密传递信息的"月饼"，作为节令糕点赏赐大臣们。此后，每到中秋节，家家户户都要吃月饼。

埋伏在两岸的士兵一起杀出，寂静的夜晚顿时战鼓齐鸣。陈友谅被杀了一个措手不及，带领的水军淹死的、被杀死的不计其数。陈友谅在部下的掩护下，坐着小船逃走了。朱元璋手下的将士们，乘胜追击，趁机占领了不少领地，一直把陈友谅赶到了武昌。

　　陈友谅的地盘越来越小，非常不甘心，他养精蓄锐，想要伺机夺回被占领的领地。公元1363年，陈友谅率领六十万大军包围了洪都（今江西省南昌市）。朱元璋得到消息后，急忙率领大军前去救援。陈友谅听说朱元璋来了，便把所有的军队都撤到了鄱阳湖，想要和朱元璋决一死战。

　　陈友谅的水军中有几百艘楼船，每艘船有三层，高十几丈。他下令把这些船用铁索连在了一起，在鄱阳湖中一字排开，居然有十几里长，远远望去，像连绵不断的小山一样。而朱元璋的水军都是一些小船，所以刚开始交战的时候，朱元璋连吃了几个败仗。

　　后来，朱元璋和他的部下们商量了一下，决定采用火攻。他命令部下准备了七条小船。每条船上都装满了火药，外面用芦苇叶包裹住。一天，突然刮起了东北风，朱元璋命令点燃这七条船，直冲陈友谅大船。风急火烈，一下子就把大船全部燃烧起来，火焰腾空，把湖水照得通红。陈友谅手下的将士不是被烧死，就是被淹死了。

　　陈友谅带着残兵败将向鄱阳湖口突围，但是湖口早已被朱元璋堵住。陈友谅在突围的时候，被一阵乱箭射死了。这样，朱元璋消灭掉了南方最强劲的对手。

　　公元1368年正月，朱元璋正式称帝，国号为"明"，他就是明太祖。8月，徐达率领大军攻陷大都，元顺帝逃往上都，元朝的残暴统治终于被推翻了。

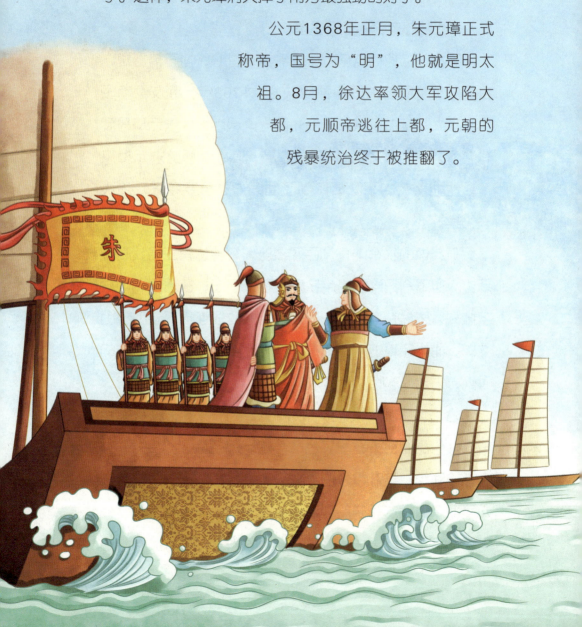

消灭了陈友谅后，朱元璋在名义上还受小明王韩林儿的领导。公元1366年，朱元璋让部下把小明王接到应天府来，船行到瓜州的时候，他派人暗暗凿沉了船，小明王落水而死。

知识链接

朱棣夺权即位

 建文帝削藩为什么以失败告终了呢？读完这个故事，你会想到谁呢？

明太祖朱元璋平定天下后，特别不放心那些帮他建立基业的功臣。李善长、蓝玉等一些权高位重的大臣，都被他杀掉了。同时，他又把自己的二十多个儿子分封到各地为王，认为权力都掌控在自己人的手中，大明王朝从此可以江山永固，谁知道居然祸起萧墙。

朱允炆

即建文帝。他自幼熟读儒家经典，为人仁慈宽厚，改革了朱元璋时期的一些弊政，史称"建文新政"。"靖难之役"后不知所踪。

公元1392年，太子朱标英年早逝，明太祖非常伤心，最后决定立朱标的儿子朱允炆（wén）做皇太孙。这样一来，太祖的儿子们就要向侄子俯首称臣，因此他们

心中愤愤不平。

　　燕王朱棣（dì）更是如此。朱棣是太祖的第四个儿
子，他智勇双全，战功赫赫。当时明太祖的长子太子朱
标、次子秦王朱樉（shǎng）、三子晋王朱棡（gāng）先
后去世了，朱棣觉得按照常理，该由他来继承皇位，因此
对朱允炆更是怀恨在心。

　　面对着这些虎视眈眈的叔叔们，皇太孙朱允炆心里

也非常不踏实。一天他对老师黄子澄说："我的这些叔叔们，一个个都手握重兵，而且大多都不听我的命令，该怎么办呢？"

黄子澄说："他们手下的兵马只够自卫，不足以发动叛乱。西汉时候七国兵马那么强悍，后来都失败了，您是天子正统，不用害怕他们造反。"

公元1398年，明太祖朱元璋驾崩。年仅二十一岁的朱允炆即位，即建文帝。当时京城里传出谣言，说几位藩王正在互相串通，准备谋反。建文帝听了这些传言害怕起来，急忙找来黄子澄商议，想要削藩。

黄子澄一出宫，就去找另外一位大臣齐泰商量削藩的具体措施。齐泰认为诸王之中，燕王兵力最强，野心又大，应该首先削弱燕王的权力。黄子澄不赞成，他认为应该先向力量较为薄弱的藩王下手。这样，一年当中，建文帝一连削去了五位势力较弱的藩王的封地，矛头直指燕王朱棣。朱棣早就知道自己在劫难逃，于是在这一年中，一面偷偷地操练兵马，准备谋反；一面装疯卖傻麻痹建文帝。

1399年，燕王看到时机成熟了，宣布起兵。他以诛杀奸臣黄子澄、齐泰，为国"靖难（平定内乱的意思）"为名，发兵南下。历史上把这次兵变称为"靖难之役"。

株连十族

朱棣夺位后，谋士姚广孝对他说："方孝孺是个才学出众的人，请您千万不要杀他。杀了他，天下的读书种子就没有了！"朱棣点头答应。后来，朱棣想让方孝孺写即位诏书，可方孝孺却在大殿上号啕大哭。朱棣劝他说："先生这是何苦呢？我只是效法周公辅佐成王而已。"方孝孺问："那么成王在哪里？"朱棣回答："他已经自焚了。"方孝孺又问："为什么不立成王的儿子？"朱棣道："他年纪太小，国家需要有能力的成年人治理。"方孝孺又问："那为什么不立成王的弟弟呢？"朱棣忍耐着说："这是朕的家事。"同时，又命人把笔墨准备好，可是方孝孺却破口大骂："你就是杀了我，我也不会给逆贼起草诏书！"朱棣强压怒火说："那你不怕株连九族吗？"方孝孺说："株连十族又怎样？"朱棣勃然大怒，把方孝孺的朋友门生也列为一族，连同宗族合为"十族"，全部处死了。

燕王本来就能征善战，再加上手下有一支经过训练的精兵，因此他的军队势如破竹，沿途州县的官员纷纷投

元、明、清

405

降。建文帝急忙撤了齐泰、黄子澄的职，以为这样燕王就会退兵，可是燕王已经筹谋多时，怎么会轻易罢休！

公元1402年，燕王的军队打到了应天城下。建文帝只好派人向燕王求和。面对建文帝提出的割让土地等条件，燕王断然拒绝。

不久，应天府就被攻破了。建文帝看到大势已去，于是命人在皇宫中燃起熊熊大火。燕王带兵冲进皇宫，在火中找到了皇后的尸体，可是建文帝却不知所踪了。

燕王朱棣终于如愿以偿，登上了皇位，即明成祖。公元1421年，明成祖迁都北京。从此北京代替了应天府，成了明朝的都城。

建文帝非常孝顺，他十四岁的时候，父亲朱标得了病，他不分昼夜地侍奉。两年后，朱标病死了，他因为过于伤心，身体变得非常羸弱。明太祖朱元璋看到了，摸着他的头，心疼地说："你真是太孝顺了，都顾不上想我了。"

知识链接

元、明、清

土木堡之变

 讲一讲土木堡之变的经过，说一说，土木堡之变中明军惨败的原因。

公元1435年，明英宗朱祁镇登上了皇位，年仅九岁。当时，权力掌握在他的祖母——太皇太后张氏的手中。张太后是个精明能干的人，她重用"三杨"（即内阁大臣杨士奇、杨荣、杨溥），社会呈现出了欣欣向荣的景象。

在小皇帝明英宗的身边，有一个名叫王振的宦官，他读过书，又很会察言观色，所以英宗非常信任他。王振是个有野心的人，他看到英宗年纪小，想要干一些干预朝政的勾当，但是因为惧怕张太后，一直不敢轻举妄动。

公元1442年，张太后驾崩，不久，"三杨"也相继去世了。这个时候，王振依仗着英宗的信任，逐渐把权力揽到了自己的手中。朝臣们如果有人得罪了王振，不是被撤职，就是被充军。因此，一些王公贵戚都极力讨好王振，称呼他"翁父"，王振一时权势熏天。

这时，我国北部蒙古族的瓦剌（là）部落强盛了起来。他们的首领也先经常以朝贡为名，骗取明朝的各种赏赐，引起了王振的不满。1449年，也先派了两千多人向明朝进贡马匹，谎称来了三千人。王振不肯多给赏赐，并且减去了马价的五分之四。也先非常愤怒，借机挥师南下，直逼大同。

前线的战报传到了北京，英宗赶紧召见大臣商量对策。大同离王振的家乡蔚州（今河北省蔚县）不远，王振在蔚州有大批田产，他害怕蔚州被瓦剌军侵占，于是竭力煽动英宗带兵亲征。兵部尚书邝（kuàng）埜（yě）和兵部侍郎于谦认为朝廷没有做好充分的准

也先

蒙古族部落瓦剌部的首领，第二十八代蒙古可汗。在位期间，向东发展，征服了女真，势力到达朝鲜北境，并且在土木堡之变中打败了明军，俘虏了明英宗。后来被部下暗杀。

元、明、清

409

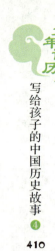
备，不能亲征，但明英宗偏信王振，一意孤行。

英宗命令弟弟郕（chéng）王朱祁钰（yù）和于谦留守在北京，自己则带了一百多名官员，率领五十万大军从北京出发，浩浩荡荡开始亲征。

相关故事

父子廉洁

兵部尚书邝埜为人正直廉洁，非常孝顺。邝埜在陕西做官时间很久，非常想念父亲邝子辅。于是给自己的父亲安排了乡试考官的官职，这样既能父子团聚，每个月还会有一定的俸禄。邝子辅听了很生气，急忙寄去书信责备邝埜说："儿子做按察副使，而父亲做考官，这算什么呢？"后来，邝埜又给父亲寄去一件华丽的衣服，邝子辅又回信责备道："你掌管法律，应当洗雪冤案，解决长期积压的案件，不要有愧于你的官职！不要用这件衣服来玷污我。"封好后还了回去。邝埜拿着书信跪着诵读，哭泣着接受了父亲的教诲。

因为当时只是胡乱配备了些粮草和武器，就匆匆出发了，所以没走多久，粮草便接济不上了。再加上天气非常恶劣，一路上狂风暴雨，士兵们又冷又饿，一点儿斗志都没有了。这个时候户部尚书王佐觉得情况不妙，建议英宗退兵，却被王振罚跪在草丛中，跪了整整一天。

也先听说英宗亲征，于是假装撤退，想要把明军引到大同以北的地区，一举歼灭。邝埜等人看到途中没有遇到瓦剌的一兵一卒，多次提醒王振当心中了瓦剌的埋伏。可是王振不听，坚持继续北进。

不久，明军前锋部队在前线全军覆没，王振听到消息后彻底慌了，这才下令退兵。退兵本来是越快越好，可是王振却突然异想天开，想到他老家蔚州去摆摆威风，于是几十万大军离开大同，开往蔚州。刚走了四十多里，王振又觉得这么多的兵马到蔚州，他家庄田里的庄稼岂不要遭殃，又下命令往回走。这样一折腾，拖延了撤兵的时间，被瓦剌的追兵赶上了。

明军一面抵抗，一面败退，一直退到土木堡（今河北省怀来县东）。土木堡旁边没有水源，明军将士们一连几天喝不到水，渴得嗓子直冒烟。没有办法，王振只好让士兵就地挖井，可挖了两丈多深，也不见一滴水。士兵们急得像热锅上的蚂蚁，骂不绝口，军心更加涣散了。

也先听说明军找不到水喝，饥渴难忍，便准备把他们引出堡垒，一举歼灭。他一面假惺惺地派人议和；一面主动撤军，麻痹明军。王振一看到瓦剌大军撤走了，立刻命令明军将士们去附近找水喝，饥渴难忍的将士们一哄而起，奔向河边，瓦剌军趁机发动了进攻。

明军阵营乱作一团，禁军将领樊忠气愤地说："我为天下百姓杀死你这个奸贼。"说着，抡起手里的大铁锤，朝着王振脑门砸去，一锤结果了王振的性命，自己随后也战死了。

明军的几十万兵马顿时溃不成军，随行的一百多名官员也大都战死了。明英宗眼看脱逃没有希望，只好跳下马来，盘坐在地上等死。没多久，瓦剌兵围上来，俘虏了明

英宗。因为这次事变发生在土木堡，历史上把它称作"土木堡之变"。

　　经过这次重大的事变，明朝元气大伤，逐渐衰败了下来。

　　张太后看到王振有干涉朝政的迹象，心里非常不安。一天，她命人把王振叫来，呵斥他："太祖早就制定了宦官不能干政的规矩。现在，你侍奉皇帝不守规矩，按照我大明法律，应该斩首示众！"太后的话刚一说完，事先安排好的几个宫女立刻把刀架在了王振的脖子上。王振吓得直打哆嗦，赶忙磕头求饶。之后，他收敛了很多，直到张太后去世，才又开始放肆起来。

知识链接

元、明、清

看到这个故事，你会联想到什么？说一说，北京保卫战为什么取得了最终的胜利？

于谦保卫京师

明英宗被俘的消息传到京城后，文武百官在朝堂上号啕大哭。然而也先又以英宗为人质，不断向明朝索要财物。孙太后和钱皇后急得哭哭啼啼，拿出大量的金银财宝，派人送到瓦剌，想把英宗赎回来，结果却毫无希望。

当时的北京城守备空虚，岌岌可危。大家都担心万一瓦剌军攻破了京城该怎么办。为了安定人心，孙太后命令郕王朱祁钰监国，召集大臣商量怎么对付瓦剌。大臣徐有贞急忙说："我昨夜观察了天象，京城将要遭遇大难。不如把都城迁到南

> **于谦**
>
> 明朝名臣。因为秉性正直，招人嫉恨，英宗复位后，在徐有贞、石亨的诬陷下，含冤遇害。

方去，暂时避一下再作打算。"

　　这时，兵部侍郎于谦站了出来，声色俱厉地说："京城是国家的根本，如果朝廷一撤出，就全完了。你们难道忘记南宋的教训了吗？"大家都觉得他说的有道理，孙太后决定叫于谦负责指挥军民守城。

　　京城危急，于谦临危受命。他认为国不可一日无君，于是奏请孙太后，拥戴郕王朱祁钰做了皇帝，即明代宗，并把明英宗遥尊为太上皇。

这样一来，也先再也不能借皇帝的名义要挟明朝了，非常恼怒。

公元1449年10月，恼羞成怒的也先挥师南下，大举进犯北京。明代宗授予于谦"提督各营军马"的权力，于是，于谦正式担负起了全权指挥北京保卫战的重任。

相关故事

两袖清风

于谦是德才兼备的明朝名臣。他担任地方官期间，王振掌权。当时地方官进京办事，都要送上金银财宝，贿赂王振，只有于谦从来不送礼。有人劝他说："您不肯送金银财宝，难道连土产都没有吗？"于谦听了，轻蔑地一笑，抖了抖袖子说："我只有两袖清风。"于谦由于刚正不阿得罪了王振，王振就指使同党诬告他，把他关进了监牢。老百姓们听到于谦被诬陷的消息，成千上万人联名向明英宗请愿，要求释放于谦。王振一看事情闹大了，又实在找不出于谦的罪过，只好编了个理由，说犯法的是另一个名叫于谦的人，因为同名同姓，所以搞错了，于是把于谦放了出来。

当时明朝最有战斗力的步兵、骑兵都已经在土木堡全军覆没了，驻守在京城的士卒不到十万人，而且大多数是从土木堡逃回来的残兵败将。为了迎接战斗，于谦迅速重组军队。他下令从各地征调兵力，使京城兵力增加到了二十多万人。同时他又命人日夜赶造武器，装备军队。

于谦将一部分军队部署在北京周围，严守九门。这样，逐步形成了一个依城为营，以战为守，分调援军，内外夹击的局面，准备与瓦剌军决一死战。

等于谦做好了一切准备后，瓦剌军也打到了京郊。这个时候，大将石亨认为明军的战斗力太弱，主张把军队撤进城里，然后把各道城门关闭起来防守。

于谦坚决不同意，他说："敌人这样嚣张。如果我们向他们示弱，只会助长他们的气焰。"于是亲自率领兵马，在德胜门外摆开阵势，抵挡也先的大军。这个时候的也先，根本不把明军放在眼里，结果在德胜门中了埋伏，损失了一万多骑兵。

明军与瓦剌军在北京城下激战了五天五夜，明军将士们同仇敌忾（kài）、斗志昂扬，就连城中的老百姓也配合明军，他们跳上屋顶墙头，用砖瓦投掷敌人。瓦剌军死伤惨重。

也先一看情况不妙，只好挟持着英宗，逃到关外去了。明军在于谦的指挥下，取得了最终的胜利。

公元1450年，也先看到英宗已经失去了利用价值，无条件释放了他。公元1457年，英宗复位，在北京保卫战中立下了汗马功劳的于谦在徐有贞、石亨等人的诬蔑下，被英宗杀害。

于谦死后，天下人无不扼（è）腕叹息，人们为了怀念他，四处传颂他年轻时的诗作《石灰吟》：

千锤百炼出深山，烈火焚烧若等闲。

粉身碎骨浑不怕，要留清白在人间。

这首诗，的确是于谦高尚人格的真实写照。

公元1457年，徐有贞、石亨趁代宗朱祁钰病重，打开了南宫宫门，拥戴英宗复位，历史上将这次事变称为"夺门之变"。

知识链接

戚继光抗击倭寇

 讲一讲，明朝的抗倭名将除了戚继光，还有谁？你知道哪些关于他的英雄事迹呢？

"封侯非我意，但愿海波平。"这是我国著名的抗倭名将戚继光的诗句，表达了他荡平倭寇、报效祖国的决心。

明朝初年，有一批日本的海盗经常在我国东南沿海一带骚扰，历史上称之为"倭（wō）寇"。因为明朝当时国力强盛，能够集中精力对付外患，所以对社会没有造成很大的破坏。

明世宗的时候，倭寇又猖獗了起来，倭患在我国沿海地区迅速蔓延。这些倭寇勾结我国本土的一些海盗，在东

戚继光

明朝抗倭名将。在东南沿海抗击倭寇十余年，扫平了多年为虐沿海的倭患，确保了沿海人民的生命财产安全。

元、明、清

419

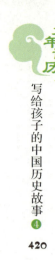
南沿海一带肆意妄为，烧杀掳掠，无恶不作，沿海的居民苦不堪言。

明世宗得到消息后，找来大臣们商议对策，后来朝廷派了老将俞大猷（yóu）带兵前去剿灭倭寇。俞大猷英勇善战，又熟悉沿海防务，所以一到浙江，就连打了好几个胜仗，但是不久就遭人陷害下了狱。倭寇又趁机进犯，沿海百姓又一次陷入了水深火热之中。朝廷只好将在山东沿海驻防的将领戚继光调到浙江，命他继续抗击倭寇。

戚继光到浙江后，发现当地的军队纪律涣散，将士们根本没有作战能力，非常着急。他仔细观察了当地的民风习俗，发现义乌的民风非常彪悍。于是他亲自去这个地方招募了三千多人，进行了严格的训练，教他们使用各种长短武器，逐渐训练出了一支精锐的军队，被人称为"戚家军"。

公元1561年，几千名倭寇进犯台州。戚继光率"戚家军"，在当地百姓的配合下，九战九捷，歼灭了大量倭寇，浙东的倭寇被全部扫除。第二年，倭寇又大举进犯福建，攻陷了不少城池。由于倭寇声势浩大，所以当地的官兵不敢正面对抗，朝廷派戚继光前去救援。

当时倭寇的老巢在宁德城十里外的横屿岛，这个地方四面环水，易守难攻。 戚继光亲自调查横屿岛的地形，发现有条水道既不宽，又不深。于是当天晚上趁着潮落的时候，戚继光命令兵士每人随身带一捆干草，到了横屿岛对岸，把干草扔在水里。几千捆干草扔在一起，居然填平了沟壕，就这样，戚家军神不知鬼不觉地进入了倭寇大营。经过一场激烈战斗，盘踞在岛上的两千六百多个倭寇

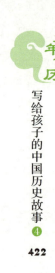
全部被歼灭。紧接着，戚继光下令乘胜追击，连续摧毁了倭寇的六十多个据点，杀死倭寇一千多人。

相关故事

戚继光斩子

相传戚继光率领军队在台州府剿倭时，有一股残敌想绕道逃到仙居去。为了彻底消灭这些倭寇，戚继光任命儿子戚印为先锋，率领军队到常风岭设下埋伏。临行前一再交代戚印，要他把敌人引到仙居城外再一举歼灭。戚印率军到达常风岭后，倭寇的队伍也沿着这条山道开了过来，前面还押着一些抢掠来的妇女和牛羊。戚印看到后非常气愤，立刻下令发起进攻，全歼了敌人。戚印回营后，戚继光勃然大怒，不顾将士们苦苦哀求，以明令故犯、贻误军机的罪名斩了儿子。

公元1563年，倭寇又一次进犯福建，攻陷了兴化城，在城中烧杀奸淫掠夺，无恶不作，戚家军再次进入福建。这个时候，俞大猷也官复原职了，两位抗倭名将联合抗敌，到了公元1565年，基本扫清了福建境内的倭寇。

戚继光撰写了两部重要兵书：《纪效新书》和《练兵实纪》。这两部书是他练兵打仗的经验总结，也是他训练军队的教本，被收录进了《四库全书》中。

知识链接

张居正辅政

 张居正是我国历史上著名的改革家，说一说你对他的"一条鞭法"的理解。

公元1572年，明穆宗病入膏肓，他知道自己时日不多，于是召内阁大学士高拱、张居正、高仪三人进宫，叮嘱他们要尽力辅佐年仅十岁的皇太子朱翊（yì）钧。

穆宗死后，朱翊钧即位，即明神宗。当时的首辅大臣是高拱，高拱这个人很有才能，可是恃才傲物、性格执拗，得罪了太监冯保。穆宗去世的时候，高拱非常悲痛，哭着说："十岁的太子，怎么治理天下啊！"谁知道祸从

张居正

明神宗时的内阁首辅，我国历史上著名的改革家。担任首辅期间，施行了一系列的改革措施，推行"一条鞭法"，辅佐明神宗开创了"万历新政"。

口出，冯保将这句话改成："高公讲，十岁的小孩子哪能当皇帝呢！"报告给了李太后和神宗。二人听了，大吃一惊，不久就找了个借口把高拱罢免掉了，张居正从此当上了首辅。

张居正是湖北江陵人，他从小就聪明过人，是当地远近闻名的神童。他十二岁的时候参加童试，知府李士翱（áo）非常喜欢他，亲自给他改名叫作张居正。十六岁的时候，张居正通过了乡试，成了一名举人。湖广巡抚顾璘（lín）十分赏识他，认为他有将相之才，把腰中佩戴的犀带（用犀牛角做装饰的腰带。明朝时，一品官佩戴玉带，二品则佩戴犀带）解下来送给他，并且对他说："你日后一定会佩戴玉带，这条犀带可捆束不住你啊！"

张居正做了首辅后，非常注重对小皇帝明神宗的教育和培养。他亲自编写了一本图文并茂的历史故事书，叫作《帝鉴图说》，每天给神宗讲解。张居正对神宗十分严格，神宗也把张居正当作严师看待，既尊敬，又惧怕。再加上李太后和宦官冯保的支持，朝政大事几乎全部由张居正做主。

当时明朝朝政腐败，土地兼并的情况非常严重。全国的土地有一半以上都被地主占有，他们逃避税收，越来越富有，国库却越来越空虚。为此，张居正下令丈量、清查

元、明、清

全国土地。在丈量土地之后，于1581年下令在全国推行"一条鞭法"。

"一条鞭法"在我国的赋税改革中具有划时代的意义。它把当时各种名目的赋税和劳役合并起来，折合银两征收，就像几根绳子编结在一起一样，所以叫"一条鞭法"。经过这种税收改革，防止了一些官吏的营私舞弊，增加了国家的收入。

相关故事

明神宗和《霍光传》

张居正当首辅的时候，所有文件都由内阁批阅。明神宗想给自己找点儿事做，但一拿起奏疏，都是张首辅批阅好了的，所有事情照着办就行，就只好找人玩儿。有一次，神宗喝醉后找到一个太监要对方给自己唱歌，那个太监不会唱，他便下令让人把那个太监打了一顿。冯保知道后，立刻把这件事告诉了李太后，李太后非常生气，把《汉书》中的《霍光传》拿给他看。东汉霍光曾干过一件大事，就是废过皇帝。明神宗清楚，现在有能力废掉他的就是张居正，从此心中暗暗记恨张居正。

同时，张居正对外平息了鞑（dá）靼（dá）对我国北部边境的骚扰，安定了边境。对内，他十分重视水利，派人治理了黄河、淮河以及运河，漕运可以直达北京。经过张居正的一系列改革，明朝政府的财政收入有了明显的增加，国库中贮存的银两、粮食十几年都用不完。

公元1582年，因为过度操劳，张居正病死。和张居正政见不和的大臣们，纷纷上书弹劾他。于是明神宗削去了张居正所有的爵位，并派人抄了他的家。张居正的改革措施也遭到了破坏，明朝的统治开始继续走向深渊。

明神宗对于张居正，又信服，又畏惧。传说神宗小时候，有一次读《论语·乡党》，在念到"色勃如也"时，误将"勃"读成"背"。张居正在边上，严厉地大声纠正说："这个字应该读'勃'！"小皇帝和太监都被吓了一大跳。

知识链接

魏忠贤迫害东林党

 从明英宗时期的王振到明熹宗时期的魏忠贤，你觉得明朝最大的弊政是什么？

　　明神宗末年，有个名叫顾宪成的人，因为直言进谏，被神宗罢了官。顾宪成是无锡人，他回到家乡后修复了东林学院，和高攀龙等人一面在学院中讲学，一面批评时政，宣扬自己的政治理想。

　　因为他们是一批正直的、为国家利益着想的人，所以在当时有很大的影响力，支持他们的人越来越多。宦官和一些依附宦官的官僚，把这些在学院中讲学的人以及他们的支持者，统称为"东林党"。

　　公元1620年，明神宗驾崩，他的儿子明光宗朱常洛即位，可是光宗当了不到一个月的皇帝，又死了。光宗的儿子朱由校即位，即明熹（xī）宗，年仅十六岁。明熹宗是在东林党人的扶植下登基的，因此他即位初期，东林党

元、明、清

人的势力比较大，其中最有名望的要数杨涟（lián）和左光斗。他们两个人同心协力，排斥宦官，辅佐年少的皇帝，朝廷上下将他们合称为"杨左"。

然而明熹宗最宠信却是另外两个人：一个是他的乳母客氏；另一个就是太监魏忠贤。魏忠贤原本是一个目不

朱由校

即明熹宗，明朝的第十五个皇帝。在位期间魏忠贤与客氏专权，残酷迫害东林党人，使整个国家陷入了内忧外患之中。

识丁的小混混，入宫前经常和一群无赖在一起赌博。有一次将家中所有的钱财输了个精光，一气之下便进宫当了太监。魏忠贤凭借着阿谀奉承的本领，步步高升，成了熹宗最信赖的人。他和熹宗的乳母客氏勾结起来，一面引导熹宗沉迷声色，一面排除异己，扶植自己的党羽，将朝政大权揽入自己的手中。

因为魏忠贤一手遮天，为非作歹，引起了东林党人的不满。为了重振朝纲，东林党人的领袖杨涟给明熹宗上了一道奏折，奏折中列举了魏忠贤的二十四条罪状，没想到却被昏庸无能的明熹宗驳斥了回来。不久，左光斗、魏大中等七十余人，纷纷上书要求治魏忠贤的罪，熹宗置之不理。

公元1625年，在魏忠贤的教唆下，明熹宗下令烧毁

全国各地的书院。有了皇帝做靠山，魏忠贤开始了血腥的报复，四处罗织杨涟、左光斗等人的罪行。他指使党羽诬告杨涟等人贪贿，并以此为名，将杨涟、左光斗、魏大中、袁化中、周朝瑞、顾大章六人逮捕。

杨涟等六人入狱后，魏忠贤指示当时的主审官，每五天就对他们严刑拷打一次，让他们交代所谓的罪行。这六个人宁死不屈，在监狱中饱受各种酷刑的折磨，最终都惨死在了狱中。后世敬仰他们的风骨气节，将他们尊称为"东林六君子"。

"六君子"牺牲后，魏忠贤继续迫害东林党人，东林书院也被拆毁了。然而"风声、雨声、读书声，声声入耳；家事、国事、天下事，事事关心"这副曾锲（qiè）刻在书院中的对联，却永远铭刻在了每一位有志之士的心中。

相关故事

师生情谊

史可法是左光斗的得意门生。左光斗下狱后，受了炮烙，眼看活不成了，史可法很着急，买通了守牢的人混了进去。他看到左光斗受刑后的惨状，跪下抱着老师痛哭起来。左光斗听到哭声，知道是史可法，于是呵斥道："糊涂蛋！这是什么地方，你来干什么！国家已经落到这般地步，我是活不长了，你再跑到这儿来，让人害了你，将来的事儿靠谁干？"史可法伤心欲绝，不忍心离开。左光斗怒骂他："蠢材！快走！不走我就打死你！"一边说，一边摸地上的铁镣，可是手已经不听使唤了。史可法没有办法，只好哭着出了监牢。过了不久，左光斗就去世了。后来，史可法谈起他的老师左光斗时，总是说："老师的心肠，是用铁石铸就的啊！"

直到明思宗朱由检即位后，罢免了魏忠贤，东林党人才又重新得到了重用。但是，当时明朝的统治已经病入膏肓，任谁也无力回天了。

　　杨涟被害之后，魏忠贤为了毁灭罪证，让狱卒们仔细搜查他的随身物品。一个牢头在杨涟的枕头中发现一封血书，他如获至宝，想要拿去请赏。可是当他仔细阅读这份血书后，却被杨涟的气节深深打动了，于是，他冒着生命危险把它保留了下来，直到魏忠贤等阉党被诛灭之后才将其公之于世。

知识链接

袁崇焕宁远拒敌

袁崇焕虽然战功赫赫，可是最终还是被明思宗下令处死了。从处死袁崇焕这件事来看，你觉得明思宗是个什么样的人？

　　就在魏忠贤把持朝政、残害忠良的同时，我国北方的少数民族女真族悄然崛起。公元1616年，女真首领努尔哈赤建立了后金，不断向辽东的明军发起进攻。

　　公元1622年，努尔哈赤率兵攻下广宁（今辽宁省北镇），明军退守到了山海关。明朝的大臣们经过商议，一致认为应该派一个有才能的将领镇守山海关。当时奸佞（nìng）当道，朝政混乱不堪，到底谁能担当这个重任呢？正在兵部的官员们不知所措的时候，有个人毛遂（suì）自荐，说只要给他足够的兵马粮饷（xiǎng），他就一定能够守住这个地方。这个人就是袁崇焕。

　　袁崇焕当时在兵部担任职方主事（官名），他为人慷慨，喜欢谈论军事。就在兵部官员讨论该由谁去山海关守防的时候，袁崇焕突然不知所踪了，就连他的家人也不知道他去了哪里。后来大家才知道，原来他一个人单枪匹马去山海关考察了一番。袁崇焕把这次考察的结

果报告给了朝廷，朝廷上下都非常欣赏他的才能，将驻防的重任交给了他。又额外拨给了他二十万的军饷，让他招募士兵。

袁崇焕到任后，驻守在关内，关外的大片土地被哈剌慎（北方少数民族部落）诸部占领着。不久，哈剌慎诸部归顺，袁崇焕带兵出关，经过考察，他觉得宁远（今辽宁省兴城市）易守难攻，是一个驻防的好地方，于是把这个想法报告给了正在辽东巡防的兵部尚书孙承宗。孙承宗非常支持他。

公元1623年，袁崇焕在宁远修筑防御工事，筑起三丈二尺高、二丈宽的城墙，装备了各种火器、火炮。孙承宗还派了几支人马分驻在宁远附近的锦州、松山等地，声援宁远。

就在辽东的守防刚有起色的时候，孙承宗遭到了魏忠

元、明、清

贤的猜忌，

被迫离职。魏忠贤派

他的同党高第指挥辽东军事。高

第是个胆小无能的家伙，一到山海关，就要

各路明军全部撤进山海关内。

袁崇焕坚决反对撤兵，他说："我们好不容易在关外站稳脚跟，哪能轻易放弃！"高第几次下令要求袁崇焕放弃宁远。袁崇焕气愤地说："我的职责是防守宁远，就算死也要死在那里，决不后撤。"高第没有办法，只好让袁崇焕带领一部分明军留在宁远，把其他地区的明军全部撤回了关内。

公元1626年，努尔哈赤看到明军仓促撤退，认为机会来了，于是亲自率领十三万大军，渡过辽河，进攻宁远。

这个时候的宁远城中，只有一万多守军，周围的援军早已撤退，宁远城陷入了孤立无援的境地。高第明知道宁远城危在旦夕，可是仍然隔岸观火，不肯发出一兵一卒。袁崇焕得知消息后，决心和宁远城共存亡。他咬破手指，写下了血书激励守城将士。将士们深受鼓舞，他们同仇敌忾，誓死保卫宁远城。

没过多久，努尔哈赤的大军便兵临城下，他们仗着人多势众，向宁远城发起了猛烈的进攻。明军将士们浴血奋战，可是后金的士兵倒下一批，又冲上来一批，源源不断，像潮水般涌来。这个时候，袁崇焕下令动用早已准备好的红夷大炮，炮声一响，后金士兵被轰得血肉横飞，留下的也被迫后撤。宁远城久攻不下，再加上红夷大炮的威力实在太大，努尔哈赤只好退兵。袁崇焕听到敌人退兵，就乘胜杀出城去，一直追赶了三十余里。因为双方在宁远交战，所以历史上把这次胜利称为"宁远大捷"。

努尔哈赤退回沈阳后，觉得自己戎马半生，居然攻不下一个小小的宁远城，越想越生气，不久便病死了。

李自成起义

李自成是我国历史上著名的农民起义领袖。说一说，他所率领的起义军为什么会得到老百姓的拥戴？

李自成是米脂（今陕西省米脂县）人，他小时候家里非常穷，靠给村子里一个姓艾的地主放羊来糊口。长大后喜欢舞枪弄棒，练成了一身好武艺。他为人讲义气，喜欢替老百姓打抱不平，所以很受穷苦百姓的爱戴。

后来，李自成从了军，可是每个月的饷银经常被长官克扣。公元1630年，军队调防，走到金县（今甘肃省榆中县）的时候，士兵们要求发放饷银，事情闹到了县衙。带队的军官出来弹压，李自成气愤地

李自成

陕西米脂人，明末农民起义领袖。他攻克北京，推翻了明朝的统治。清兵入关后，被迫退出了北京，后来在湖北九宫山遇害身亡。

站出来，把军官和当地的县官全杀了，正式举起了造反的旗帜。

当时因为饥荒问题，陕西各地农民起义频频爆发。其中高迎祥的势力最大，自称"闯王"。因为高迎祥是李自成的舅舅，所以李自成投靠了他，成了他麾（huī）下最得力的战将，被人称为"闯将"。

公元1636年，高迎祥在陕西周至中了埋伏，被俘后壮烈牺牲了。于是大家便拥戴李自成做了"闯王"。

　　李闯王的威名越来越高，明思宗朱由检赶忙命令总督洪承畴（chóu）、巡抚孙传庭专门围剿李自成。公元1637年，李自成在潼关一带中了洪承畴和孙传庭的埋伏，几乎全军覆没，李自成带着刘宗敏等人冲出重围，躲到陕西西南部的商洛山中。正在这个紧要关头，辽东战事吃紧，孙传庭、洪承畴又被调往辽东防范清军，李自成在山中得到了喘息的机会。

相关故事

明思宗自缢煤山

　　李自成的起义军攻入北京后，明思宗朱由检得到了消息，立刻命人将他的三个儿子送到了周皇后和田贵妃的娘家。他又哭着对周皇后说："你是国母，应该以身殉国。"周皇后听了，流着眼泪自缢了。后来他在太监王承恩的陪同下，登上了紫禁城后面的煤山，同样上吊自杀了。他在自己的衣服上留下了遗言，说自己并非亡国之君，可是臣子们尽是亡国之臣；又说可以任意处置自己的尸体，但是不要伤害城中的老百姓。

公元1640年，李自成终于东山再起，他领着人马从商洛山中杀出，向河南进军。当时河南也在闹灾荒，所以很多人都来投军，李自成的队伍迅速壮大了起来。

这个时候，有个名叫李岩的读书人来投靠李自成。李岩是个非常有远见的人，他看到起义军纪律松散，个别人的身上还有着流寇的习气，于是就向李自成建议要"尊贤礼士，除暴恤民"。还编了"开了大门迎闯王，闯王来时不纳粮"的童谣，让小孩子到处传唱。

李自成采纳了李岩的意见，制定了严格的纪律，得到了老百姓的支持，在河南接连打了几个大胜仗。公元1643年，李自成攻破潼关，没多久就占领了西安，建立了大顺政权。

公元1644年，李自成亲自率领大军，兵分两路，向北京发起进攻。沿路的明军大多不战而降，所以很快就攻打到了北京城下。当时明朝的军队在内忧外患的夹击之下，早已丧失了战斗力。明思宗看到大势已去，登上紫禁城北面的煤山（今景山），自缢身亡了。

通过农民起义建立起来的大明王朝，统治了近三百年之后，同样也在农民起义的烽火中寿终正寝了。

元、明、清

　　明思宗朱由检可以说是明朝自太祖以来最勤政的一位皇帝。一次，他去慈宁宫拜见宫中最有威望的刘太妃，竟然坐着睡着了，刘太妃命人拿来锦被给他盖上。他醒来后说为处理公文，召见群臣，自己已经两天两夜没休息了，说完和刘太妃相对落泪。

知识链接

吴三桂献关降清

你认可吴三桂的做法吗？说一说，你是如何看待吴三桂这个人的？

李自成进京后，起义军将士们陶醉在胜利的喜悦中，完全忘记了山海关外还有着虎视眈眈的清军；更没有人能够想起，离京城不远的山海关，还驻守着一支强大的明军。

李自成觉得占领了北京城便万无一失了，于是命令部下严惩皇亲国戚、贪官污吏。他派亲信刘宗敏勒令权贵们交出平时从百姓身上搜刮来的赃款，充当起义军的军饷。如果有人拒绝交付或者是交的银子不够，

吴三桂

明朝末年的辽东总兵，开关降清后，被封为平西王，镇守云南，成了清初"三藩"之一。后来起兵反清，引发了"三藩之乱"。

元、明、清

445

就会被关进监狱，严刑拷打。这个时候，有个名叫吴襄的官员也被刘宗敏抄了家，并且关进了监狱受审。

有人告诉李自成，这个吴襄就是山海关统帅吴三桂的父亲，李自成这才恍然大悟，赶紧叫吴襄给他儿子写信，劝说他向起义军投降。

吴三桂原本是被明思宗派到关外抗清的。起义军逼近北京的时候，明思宗又接连下命令要吴三桂带兵入关，对付起义军。吴三桂刚刚赶到山海关，起义军已经攻破了北京城，明思宗在煤山自缢，明朝已经灭亡了。这个时候的吴三桂非常迷茫，继续抗清？还是投降义军？他一时间也不知道该何去何从，只好在山海关按兵不动，悄悄地观察动静。

吴三桂接到父亲的书信后，犹豫再三，最后还是决定投靠李自成。他整顿兵马，向北京开进。刚到滦（luán）州的时候，他遇到了一些从京城逃出来的前明官员，找来一问，听说父亲吴襄被抓，家产被抄，恨得咬牙切齿；接着，又听说他最宠爱的歌姬陈圆圆也被起义军抓走了，更是怒气冲天，立刻率领部下退回了山海关。并且要将士们一律换上白盔白甲，说是要给死去的明思宗报仇。

李自成得到消息后，亲自率领了二十万兵马，浩浩荡荡开往山海关，攻打吴三桂。吴三桂一听害怕了，赶忙向清朝求救。当时皇太极已经死了，他的儿子顺治帝年纪还小，大权都掌握在摄政王多尔衮（gǔn）的手中。多尔衮一看到吴三桂的来信，觉得机会来了，立刻亲自率领了十几万清兵，马不停蹄地赶往山海关。

清军赶到后，和吴三桂两面夹击，很快便击溃了李自成的军队。李自成只好收拾残兵败将，逃回北京。李自成回到北京后，并没有考虑如何抵抗清兵，而是匆匆举行了即位典礼，第二天一大早就率领起义军撤出了北京城，逃往西安。

李自成撤离后的第三天，多尔衮在吴三桂的带领下进了北京城。后来，多尔衮又命人把顺治帝接到了北京，清王朝的统治从此正式掀开了序幕。

相关故事

李岩和红娘子

李岩本来是杞县富户人家的儿子。当时杞县闹灾荒，好多老百姓都断了粮。李岩拿出家里的一些粮食，接济断粮的穷人。穷人们非常感激，把他称作"李公子"。后来杞县连年灾荒，大家实在没有饭吃，所以发生了饥民暴动。

官府觉得这些全是李岩惹出来的，于是就把他关了起来。当时有一支农民起义队伍，带头的是个青年女子，人们叫她"红娘子"。红娘子听到消息后，带着队伍和饥民一起，打开监牢，把李岩救了出来。后来两个人结成了夫妻，一起参加了闯王李自成的农民起义军。

公元1645年，清朝分兵两路攻打西安。李自成率领起义军在潼关抗击清军，结果寡不敌众，被迫向襄阳转移。过了不久，起义军在湖北通山县九宫山，遭到当地地主武装袭击，李自成战败牺牲。

公元1647年，清军进攻四川，明末另外一支起义军，即张献忠建立的"大西"政权，也覆灭了。这个时候，清朝剩下了最后的敌人——南明。

明朝末年的农民起义军，除了李自成外，还有一支有名的起义军，是由张献忠率领的。这支起义军主要活动在四川等西南一带，并在成都建立了"大西"政权。

知识链接

史可法死守扬州

 史可法死守扬州的事迹可歌可泣。你还知道哪些关于史可法的故事？请讲给周围的人听。

清军入主中原后，明朝宗室以及文武大臣大多逃亡到了南方，他们拥立福王朱由崧（sōng）在南京即位，把年号改成了"弘光"。当时，他们还拥有着淮河以南的半壁江山，并且以此为屏障，继续抵抗清军。历史上将这一时期称为"南明"。

南明的兵部尚书名叫史可法，是"东林六君子"之一左光斗的得意门生。他起初并不支持福王朱由崧，但是为了避免内部冲突，所以才勉强答应了。

虽然南明偏安于一隅，危机重重，可是马

史可法

明末抗清名将。清军南下时，率领军民死守扬州城，城破被俘后，宁死不屈，壮烈牺牲。

士英、阮大铖（chéng）等一些官员，为了自身利益，你争我斗闹得不可开交。再加上朱由崧是个胸无大志、昏庸无能的人，即位没多久，便宠信奸佞，过起了荒淫无道的生活。史可法虽然心系家国，可是却得不到朱由崧的信任，于是主动要求到前方去统率军队。

当时在长江以北驻扎着四支明军，被称为"江北四镇"。四镇的将领个个都飞扬跋扈，拥兵自重，他们经常为了争夺地盘大打出手。史可法到了扬州后，亲自去找那些将领，劝他们不要自相残杀；接着，又把他们分配在扬州周围驻守，自己坐镇扬州指挥。

公元1645年，多铎（duó）率领清军南下，进攻南明。史可法立刻指挥四镇将领进行抵抗，可是就在这个紧要关头，南明政权内部却起了内讧（hòng）。驻守在武昌的明军将领左良玉和马士英积怨已久，左良玉打起清君侧的旗号，率兵进攻南京。马士英吓坏了，急忙将江北四镇军队撤回，对付左良玉，还用弘光帝名义命令史可法带兵回南京保护他。

当时清军大军压境，史可法明知道不该离开，可是却不能抗旨不遵，只好带兵回南京。他刚过长江，得到消息说左良玉已经兵败，又急忙赶回江北，这时，清兵已经逼近扬州了。

相关故事

史可法戒酒

相传史可法在江北督军的时候，有一年除夕，他在府中批阅公文直到深夜，突然觉得精神疲劳，于是让厨子送来了一些酒菜。史可法平时在军中滴酒不沾，这天晚上因为想到战乱未平、生灵涂炭，他觉得非常伤心，于是连喝了十几杯酒，靠在桌案上睡着了。

天亮后，扬州的官员们来到督师府，发现大门还紧闭着，都觉得很奇怪。这时有个士兵出来告诉大家说督师喝醉了酒，还没有醒来。扬州知府任民育说："督师平日操劳过度，昨夜睡得这么好，真是难得的事。大家别去惊动他，让他再好好休息一会儿吧。"他还把打更的人找来，要他重复打四更的鼓。

史可法一觉醒来，天已经大亮，侧耳一听，打更人还在打四更，非常生气。他把随从叫了进来问："是谁在那里乱打更鼓，违反我的军令。"随从把任民育吩咐的话说了，史可法这才没有发作。不过从那天起，他下定决心再不喝酒了。

公元1645年4月，多铎率兵围困了扬州城，史可法下令各镇总兵率领兵马火速前来救援，只有刘肇（zhào）基带了少数兵马前来救援，其余各镇全部按兵不动。过了不久，驻守在徐州的杨承租和驻守寿州的刘良佐等人纷纷投降，这时的江北只剩下了扬州一座孤城。面对源源而来的数十万清军，史可法的手中只有一万多兵力，形势万分险恶。他给远在南京的母亲和妻子写了遗书，决心与扬州城共存亡。

　　多铎为了不战而胜，多次派人劝史可法投降，都被史可法拒绝了，他恼着成怒，下令把扬州城紧紧包围起来。扬州城危急万分，城里一些胆小的将领害怕了。总兵李栖凤、监军副使高岐凤背着史可法，带着本部人马出城向清军投降。这样一来，城里的守卫力量就更薄弱了。

　　不久，清军开始轮番攻城。扬州军民在史可法的带领下誓死抵抗，打退了清军一次又一次的进攻。三天过去了，扬州城岿然不动。

　　多铎恨得咬牙切齿，下令用红夷大炮攻城，并且把炮口对准了史可法亲自防守的西门。一颗颗炮弹呼啸着落到城门的西北角，终于将城墙炸开了一个大缺口。

　　清军像潮水一般涌入城中，史可法看到城破，拔出佩

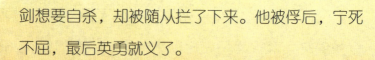

剑想要自杀，却被随从拦了下来。他被俘后，宁死不屈，最后英勇就义了。

　　史可法死后，扬州失守。紧接着清军长驱直入，占领了南京，弘光政权仅仅维持了一年多便宣告灭亡。

史可法壮烈殉国后，遗体不知下落，后人只好把他生前穿过的衣服和用过的笏（hù）板埋葬在了扬州城外的梅花岭上。

知识链接

夏完淳怒斥洪承畴

 夏完淳是我国历史上著名的抗清英雄。说一说，夏完淳最值得我们学习的是什么？

弘光政权消亡后，清军继续挥师南下。骄纵的清军颁发了一道剃发令，强迫江南的汉人十天之内必须剃去额前的头发，如果不遵从命令，就要杀头，所谓"留头不留发，留发不留头"。

清军的暴行引起了江南地区一些读书人的不满，这时候，在松江（今上海市西南部）有一批读书人也在酝酿抗清，领头的是夏允彝（yí）和陈子龙。

夏允彝的儿子名叫夏完淳（chún），他是

夏完淳

明末诗人，抗清英雄。他生而早慧，是当地有名的神童。十五岁便跟随父亲抗清，后来兵败被俘，英勇就义，年仅十七岁。

陈子龙的学生。夏完淳自幼读了不少书，能诗善文。在父亲、老师的影响下，年仅十五岁的夏完淳也参加了抗清斗争。

早慧的神童

夏完淳很小的时候，便由父母作主订了亲。他的岳父钱彦林是嘉善一带非常有声望的大才子，因为性格豪爽，所以被当地人尊称为"钱长公"。

有一年，夏允彝带着年幼的儿子去嘉善拜访钱彦林，钱彦林非常开心，立刻吩咐摆上酒席招待他们，并且让两个儿子出来相见。这个时候，小完淳突然问钱彦林："现在的时局这么混乱，不知道您现在关注哪些国家大事？读什么样的书呢？"这样的问题突然从一个小孩子的口中问出，钱彦林一时不知所措。他支支吾吾了好半天，才急中生智地回答道："我现在所关注的事、所读的书嘛，和你的父亲差不多。"

看到小完淳对自己的回答很满意，钱彦林悄悄地把夏允彝拉到了一边，擦着额头上的冷汗说："允彝兄，你教子有方啊，我今天领教了！"夏允彝笑着说："你的儿子们也都很出色啊。"钱彦林摇摇头，说："他们的才华可能不相上下，但是在关心国家大事这方面，可就差远了！"

　　以夏允彝和陈子龙为首的义军，起先很顺利，一直打到了苏州。可是攻打苏州城的时候，却被清军击溃，夏允彝投水自尽了。夏允彝死后，夏完淳继承了父亲的遗志，继续参加反清复明的斗争。公元1647年，因为叛徒告密，

夏完淳也被捕了。清军派重兵把他押到南京，关了起来。

夏完淳在南京的监狱中一直被关押了八十多天，一天突然有人传话要审讯他，主审官正是洪承畴。等夏完淳带到后，洪承畴假惺惺地说："你一个小孩子，怎么会起兵造反呢，一定是上了别人的当。只要你肯回头归顺大清，我马上给你官做。"

夏完淳不为所动，反问道："你是谁呀？"

周围的衙役们说："这位是洪亨九（洪承畴，字亨九）先生。"

夏完淳假装不认识洪承畴，愤愤地说："那一定是冒充的！我朝的洪亨九先生，是当今的豪杰，当年在松山抗清的时候，早就以身殉国了！"

洪承畴听了窘迫极了，顿时面如土色。周围的衙役们以为夏完淳真的不认识洪承畴，呵斥道："不要胡说，上面审你的就是洪承畴！"

夏完淳听了，冷笑着说："不要骗我了，洪亨九先生为国尽忠后，天子亲自祭拜他，文武百官都为他痛哭哀悼。你是哪里来的叛徒，穿上胡人的衣服来冒充先生，真是玷污他老人家的一世英名！"

夏完淳的话句句都戳中了洪承畴的痛处，他汗如雨下，不敢再审问下去，喝令衙役们赶紧把夏完淳拉了出去。

元、明、清

459

　　同年9月，夏完淳在南京西市从容就义，年仅十七岁。在当时一同被害的几十位抗清义士中，他是最年轻的一个。

　　"长安无限屠刀肆，犹有吹箫击筑人。"这是少年英雄夏完淳留给后世的诗句，也是他执着、勇敢精神的真实写照。

　　1645年，为了抵制剃发令，江阴人民在阎应元等人的领导下，进行了殊死反抗，最后全城十几万人全部战死，没有一个人投降。这次斗争先后一共持续了八十一天，历史上称为"江阴八十一天"。

知识链接

郑成功收复台湾

 郑成功在收复台湾的过程中都克服了那些困难？请把这个故事讲给周围人听。

弘光政权瓦解以后，除了鲁王朱以海在绍兴监国外，明朝官员黄道周、郑子龙在福州拥戴唐王朱聿（yù）键即位，历史上称其为隆武帝。

隆武帝非常贤明，大臣黄道周也一心抗清，可是当时的兵权都掌握在郑芝龙的手中。郑芝龙首鼠两端，一心想要保存自己的实力。过了不久，清军进军福建，他干脆投降了清朝，隆武政权也随之覆灭了。

郑芝龙降清后，他的儿子郑成功一气之下来到了金门，在沿海一带招兵买马，招募了几千人马，坚决抗清。过

郑成功

抗清名将。率军横渡台湾海峡，击败了盘踞台湾岛的荷兰侵略军，收复了台湾。

了几年，他的势力渐渐强大起来。

公元1659年，郑成功与抗清将领张煌言会师，兵分两路进攻南京，一直打到南京城下。但是清军用假投降的手段欺骗他。郑成功中了清军的奸计，最后吃了败仗，只好退守到了厦门。

当郑成功退回厦门后，福建大部分地区已经被清军占领。清军收缩兵力，封锁了福建、广州沿海，想要困死郑成功，郑成功只好向台湾发展。

1661年，郑成功让儿子郑经留守在厦门，自己亲自率领了两万五千兵马，横穿台湾海峡。当时狂风暴雨突然袭来，在

极端恶劣的环境下，郑成功指挥将士们破浪前行，最后在鹿门耳登陆。台湾的百姓们看到祖国的大军到达，无不欢呼雀跃，争先恐后地出来迎接他们。

相关故事

台湾少数民族献金

郑成功刚到台湾时，有一天，带领将士去拜访台湾少数民族的一个部落，这时人群中走出四个人，他们各自端着一个盘子，里面分别放着金、银、野草和泥土，献给郑成功。郑成功看了看面前四个盘子里的物品，略有所思后，笑着对台湾少数民族同胞说："我到台湾来是为了驱逐荷兰侵略者，收复国土，不是为了要金银的。"说完后，他收下了野草和泥土，将盛有金、银的盘子都退还给了他们。这个消息很快传遍全岛，使台湾少数民族同胞深受感动。所以在收复台湾的多次战斗中，台湾少数民族同胞都积极支持郑军的驱荷斗争。

当时荷兰侵略军在台湾岛有两大防御要塞，分别是台湾（今台湾东平地区）和赤嵌（今台南地区）两座城堡。

郑成功的军队登陆后，立刻包围了赤崁城。当时城中的荷兰侵略军只有一千多人，可是却气焰嚣张。郑成功立刻下令让将士们发起猛烈的进攻，再加上当地的老百姓切断了赤崁城的水源，赤嵌的荷兰人只好乖乖地出城投降了。郑成功仅仅用了四天时间就收复了赤崁城。

台湾城是荷兰殖民者在台湾的统治中心，城堡坚固，防御设施完整。郑成功决定采取长期围困的办法逼他们投降。在围困八个月之后，郑成功下令向台湾城发起强攻。荷兰侵略军走投无路，只好竖起白旗投降。

公元1662年，在台湾岛盘踞了三十多年的荷兰侵略者在投降书上签了字后，灰溜溜地离开了台湾。台湾从此回到了祖国母亲的怀抱中。

张煌言是明朝末年著名的抗清英雄。就义后成了继岳飞、于谦之后，第三位埋葬在杭州西湖的英雄，后人把他们三人合称为"西湖三杰"。

知识链接

李定国西南抗清

李定国是明末著名的抗清英雄，可是他的英雄事迹一直鲜为人知。说一说你眼中的李定国。

1646年，桂王朱由榔（láng）在驻守两广的明朝官员瞿式耜（sì）等人的拥戴下，在广东肇（zhào）庆即位，建立了南明最后一个政权，改年号为"永历"。

当时，清军已经占领了大半个中国，南明的疆域缩小到了西南一带。与此同时，明朝末年的一些农民起义军，因为不愿意向清朝投降，也辗转到了这里。不久，清军便大举南下，这时，一位名叫堵胤（yìn）锡的大臣建议联合起义军共同抗清，永历帝听从了他的建议。

李定国是这些起义军中的一员。他是陕西延安人，张献忠的养子，因为英勇善战，被人称为"万人敌"。大西政权覆灭后，他和张献忠的另外三名养子孙可望、刘文秀、艾能奇收集残部，辗转到了云、贵等地。

元、明、清

四个人当中，孙可望年纪最大，也最有野心。他当时想要占据云南，独霸一方。而李定国则主张辅助南明，恢复大明河山，于是指责孙可望说："肇庆已经有了永历皇帝，你居然还这样妄自尊大，难道是想自取灭亡吗？"孙可望听了暂时打消了这个想法，但心中一直耿耿于怀。

> ## 李定国
>
> 南明永历政权的抗清名将。英勇善战，取得桂林、衡阳两大战役的胜利，为南明的抗清斗争打开了一个新局面。永历帝被吴三桂缢杀后，他悲愤成疾，病逝在云南，年仅四十二岁。

公元1652年，孙可望派人把永历帝接到了贵州，可是他只想着争权夺利，把联合抗清的大事抛到了脑后。当时瞿式耜已经牺牲，抗清的重担落到了李定国一个人的身上。李定国这个时候已经训练出了一支精兵，他还从缅甸找了一批驯象的人，组成一支象队，决定等到时机成熟后，向清军发动进攻。

3月，李定国率领八万人马和五十多头战象向清军发起了进攻。他的军队作战勇敢、纪律严明，受到了老百姓的拥戴。李定国率军从云南、贵州一直打到湖南，收复了几座重镇，接着又兵分三路进攻桂林。

当时驻守桂林的是定南王孔有德，他听说李定国前来攻打桂林，立刻率兵应战。双方在严关对垒，还没有开战，李定国的战象就扑了过去，战象发出的阵阵怒吼声使清军的战马受了惊，清军顿时乱作一团，李定国率领将士们趁势杀过去，清军大败，孔有德带着残兵败将逃回了桂林城中。

李定国下令把桂林城围了个水泄不通，命令部下发起了猛烈的进攻。不久，桂林城破，孔有德走投无路，只好自焚了。历史上将这次胜利称作"桂林大捷"。

李定国一鼓作气，又率领将士们向湖南进军。将士们斗志昂扬，攻下了不少城池，逼近长沙。当时李定国出师仅仅七个月，就为南明开拓了三千多公里的疆土，清朝朝野震惊，赶紧派洪承畴和敬谨亲王尼堪率领十五万精兵，向长沙扑来。

敌人来势汹汹，李定国对此做出了周密的安排，他率军主动撤离了长沙，引诱清军渡过了湘江，在衡阳布下了埋伏。清军追赶到衡阳，双方激战了四天四夜后，李定国假装兵败，把尼堪引进了预先设好的埋伏圈，清军全军覆没，尼堪也被杀了。这次胜利被称作"衡阳大捷"。

李定国的胜利引起了孙可望的嫉恨，为了避免自相残杀，李定国决定离开湖南。孙可望趁机亲自率军到湖南和清军展开了较量，却打了个大败仗，连李定国收复的许多城镇都丢失了。

李定国多次想要和孙可望缓和关系，一致抗清，孙可望却一意孤行。公元1657年，孙可望率兵攻打李定国，因为好多部下不支持，临阵倒戈，所以不到十天孙可望便战败了。孙可望兵败后，立刻投降了清军，并且把云、贵地区的守防告诉清军，清朝的统治者们这才决定大规模地进攻云贵。

公元1658年，降将吴三桂、洪承畴等人率领清军，兵分三路进攻云南、贵州。公元1659年，李定国的军队退守到了一个叫磨盘山的地方。他率领部下殊死抵抗，最终还是失败了。永历帝和他的几个亲信官员逃到了缅甸避难。

相关故事

血战磨盘山

公元1659年，因为有孙可望带路，清军长驱直入，李定国护卫着永历帝，一直撤退到了一个叫磨盘山的地方。这个地方丛林密布，地势险要，李定国一看计上心头。他充分利用地势特点，巧妙地设下了三道埋伏，每一道埋伏设伏兵两千人，全都是能够以一敌十的精兵。李定国想要在这次战斗中将清军一举歼灭，可是就在决定胜负的时刻，南明光禄寺少卿卢桂生叛变投敌，把埋伏的机密报告给了吴三桂。李定国不得已，只好提前开战，这场战役非常惨烈，清军的精锐部队损失惨重，而明军几乎全军覆没。磨盘山之战后，李定国和永历帝失去了联系，被迫退入了缅甸境内。

公元1661年，吴三桂带兵开进缅甸，逼迫缅甸统治者交出永历帝。永历帝一回到昆明，就被吴三桂下令勒死，南明彻底灭亡。

李定国一直在云南边境上收集人马，打击清军，准备光复。当他听到永历帝被杀的消息后，放声痛哭，不久便身染重病。公元1662年6月，南明的最后一根擎天柱李定国病故，临死的时候，他还再三叮嘱部将，就算死在荒郊野外，也不要投降清朝。

汉王庙位于云南省西双版纳傣族自治州勐腊县，是当地人民为了纪念抗清民族英雄李定国捐资所建，庙前有一大片稻田，据说当时是李定国的练兵场。

知识链接

康熙平定"三藩"

南明的最后一个政权——永历政权消亡后不久，顺治帝便驾崩了，他的儿子玄烨（yè）即位，即康熙帝。

康熙帝是一位雄才大略的皇帝，他八岁即位，十四岁便开始亲政了。这个时候虽然南明已经灭亡，可是镇守在南方的三个汉人藩王，却让康熙寝食难安。

这三个藩王原本是投降清朝的明军将领，一个是引清兵进关的吴三桂，一个叫尚可喜，一个叫耿仲明。因为他

爱新觉罗·玄烨

即康熙帝，清朝的第四位皇帝。他四岁登基，在位六十二年，是我国在位时间最长的皇帝。开创了我国封建王朝的最后一个盛世——康乾盛世。

元、明、清

471

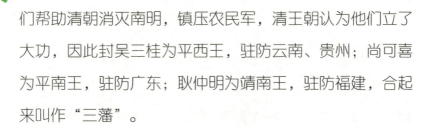

们帮助清朝消灭南明，镇压农民军，清王朝认为他们立了大功，因此封吴三桂为平西王，驻防云南、贵州；尚可喜为平南王，驻防广东；耿仲明为靖南王，驻防福建，合起来叫作"三藩"。

三藩中，吴三桂的势力最强大，不但掌握地方兵权，还控制着财政，可以自行任免官吏，俨然是割据一方的诸侯。康熙想要集中权力，所以一直在筹谋撤藩。

正在这个时候，平南王尚可喜因为年纪大了，想要叶落归根，所以就给康熙上了一道奏章，请求回到辽东老家，让他的儿子尚之信继续镇守广东。康熙同意尚可喜回到辽东，可是却没有让他的儿子继承王位。这样一来，吴三桂和耿精忠（耿仲明之孙）心中非常不安，为了试探朝廷对待三藩的真实态度，他们二人也假惺惺地给康熙上了奏章，请求撤掉藩王爵位，回到北方。

这些奏章送到朝廷后，康熙立刻召集大臣们商议，有人认为这些奏折只是吴三桂和耿精忠的假意试探，如果真的撤藩，他们一定会起兵造反。康熙觉得吴三桂野心勃勃，早晚要反，不如自己先发制人，所以坚决撤藩。

吴三桂和耿精忠还心存侥幸，没想到接到的却是撤藩的诏书。公元1673年11月，吴三桂打着"反清复明"的旗号起兵，耿精忠、尚之信纷纷响应，史称"三藩之乱"。

当时整个南方都被叛军占领了。不过康熙帝并没有被他们吓倒，他一面调兵遣将，集中兵力讨伐吴三桂；一面停止撤销尚之信、耿精忠的藩王称号，暂时将他们稳住。尚之信、耿精忠一看形势对吴三桂不利，又一次做了叛徒，吴三桂渐渐孤立无援了。

公元1678年，吴三桂在衡阳登基称帝，国号为"大周"，可是不久便生了一场大病断了气，他的孙子吴世璠（fán）继承了王位，退居昆明。公元1681年，清军分三路进攻昆明，吴世璠自杀。

清军在康熙的英明决断下，最终平定了叛乱势力，南方的政局逐渐稳定了下来。

相关故事

智擒鳌拜

康熙刚刚亲政的时候，有个辅政大臣名叫鳌拜，仗着自己掌管兵权，独断专横，康熙决心除掉他。康熙派人物色了一批十几岁的少年，天天一起玩摔跤的游戏。鳌拜每次进宫，都能看到这些少年吵吵嚷嚷地在御花园里摔跤，只当是小孩子闹着玩，一点不在意。有一天，康熙命令鳌拜进宫议事。鳌拜刚跨进内宫的门槛，忽然一群少年一拥而上，围住了鳌拜，有的拧胳膊，有的拧大腿。鳌拜虽然是武将出身，力气也大，可是这些少年人多，又都是练过摔跤的，鳌拜敌不过他们，一下子就被打翻在地。任凭他大声叫喊，也没有人搭救他。最后鳌拜被康熙关进了大牢，不久便死掉了。

康熙六岁的时候，一次和兄弟们一起向父亲顺治帝问安。顺治问皇子们最想做什么。皇二子福全说能做一个贤王就满足了。康熙却说希望自己能够效法父皇，于是顺治十分器重他。

知识链接

林则徐虎门销烟

给周围的人讲一讲林则徐虎门销烟的故事。说一说你对虎门销烟的看法。

清朝从雍正帝起，便开始施行闭关锁国的政策，这个政策一直延续到了十九世纪。这个时候，欧洲的资本主义国家迅速崛起，以英国为首的资本主义国家迫切希望能够打开中国的市场，把他们制造的商品出口到中国来。可是中国自古以来都是农业大国，老百姓过着男耕女织、自给自足的生活。外国的商品在中国根本没有市场，反而中国的瓷器、茶叶和丝绸却在国外大受欢迎，这样一来，白花花的银子都流入了中国。为了牟取暴利，外国商人便把目光转向了鸦片。

林则徐

清朝道光时期大臣，主张严禁鸦片并成功领导了虎门销烟，被后世誉为民族英雄。

鸦片是一种毒品，吸食它不仅摧残人的身体，而且还会上瘾，进一步摧残人的意志。西方帝国主义列强源源不断地向中国输入鸦片，染上烟瘾的百姓达到了两百多万。这样一来，大量的白银开始外流，清朝的经济濒临崩溃的边缘。

　　对于鸦片的泛滥，清朝的大臣们看法不一，他们有的提议禁烟，有的则反对。湖广总督林则徐是禁烟的强烈支持者。

　　林则徐出生在福建，小时候家里非常穷，但值得庆幸的是他的父亲是一位私塾老师，所以便亲自教导他。林则徐四岁起开始学习四书五经，七岁便写下了"海到无涯天作岸，山登绝顶我为峰"的诗句。后来林则徐考中了进士，做了官，因为能够体察民间疾苦，所以非常受老百姓的爱戴。

　　公元1838年，林则徐给道光帝上了一份奏折，请求禁烟。道光经过反复考虑，认为禁烟迫在眉睫（jié），于是便把林则徐任命为钦差大臣，去广州查禁鸦片。

　　公元1839年，林则徐来到了广州，他下令让所有的烟商三天之内必须交出鸦片。当时英国驻华的商务总监名叫查理·义律，他是一个非常狡诈的人，对于林则徐的命令，他装聋作哑，不肯交出鸦片。对此，林则徐非常愤怒，他说："你们一日不交出鸦片，我就一日不回京，我发誓要让这件事情有始有终！"

在林则徐的坚持下，经过的多次斗争，义律和鸦片贩子们只好乖乖地交出全部鸦片，一共两万多箱。林则徐把收缴鸦片的过程以及数量全部都报告给了道光，道光下旨让林则徐就地销毁这些鸦片，于是举世闻名的虎门销烟在林则徐的指挥下开始了。

相关故事

林则徐和太极芋泥

据说有一次，英国领事邀请林则徐参加宴会。宴会快结束时，送上来一道冰淇淋。林则徐看到冰淇淋冒着气，以为很烫，就用嘴吹了吹。在座的外国人便趁机哄笑，林则徐心里非常生气。不久，林则徐设宴回请那些外国人。酒足饭饱之后，有个外国人说："中国菜，好吃得没话说，只可惜少了一道甜食。"林则徐听了，立刻吩咐仆人端来一盆太极芋泥。外国人看到不冒热气，以为是凉菜，便举起汤匙，兴冲冲地舀着往嘴里倒，被烫得两眼发直。这才明白林则徐是个不好对付的人。

公元1839年6月3日，林则徐派人在虎门海滩的高处挖了两个大池子，在池子里放满了水，然后把鸦片浸泡在水里，再加入生石灰。生石灰遇到水会产生的大量的热量，池子里的水立刻就会沸腾起来，这样一来，池中的鸦片就化作了灰烬。

虎门销烟整整持续了二十三天，收缴的鸦片才被全部销毁。这次销烟大快人心，虎门的海滩上每天都有成千上万的人观看。

　　虎门销烟引起了英国殖民者的不满。1840年，英政府派出军舰，封锁海口，鸦片战争正式开始。战争前期中国军民奋起抵抗，沉重打击了英国侵略者，但是因为清政府的腐朽，战争以中国失败并赔款割地告终。鸦片战争后，中国沦为了半殖民地半封建社会。

知识链接

近代

洪秀全金田起义

 太平天国运动作为我国历史上规模最大的农民起义，最终还是以失败告终了，说一说你的看法。

鸦片战争后，清政府和英国殖民者签署了《南京条约》。《南京条约》是我国近代史上的第一个不平等条约，清政府为了支付两千一百万银元的巨额赔款，更进一步加重了对老百姓的压榨。

当时的广西连年闹灾，官府不仅不救济灾情，反而加大了税收，老百姓们快要活不下去了。这个时候，有个屡试不中的读书人，名叫洪秀全。一天，他读了一本宣传基督教义的书，深受鼓舞，于是从一个儒生摇身一变成了一名基督教徒，开始向

洪秀全

清末农民起义领袖。所领导的太平天国运动被称为农民起义的巅峰，对后世产生了深远的影响。

周围的人宣传他所理解的基督教义。

公元1844年，洪秀全和冯云山等人正式创立了"拜上帝教"。他自称是上帝的二儿子，耶稣（sū）的弟弟，倡导建立"天下一家，共享太平"的新世界，让水深火热中的穷苦百姓们看到了希望，于是大家纷纷加入了"拜上帝教"。

公元1851年，洪秀全觉得时机已经成熟，于是正式在金田村发动了起义，国号为"太平天国"。历史上把这次起义称作"金田起义"。

金田起义后，洪秀全自称为"天王"。除此之外，还封杨秀清为东王，萧朝贵为西王，冯云山为南王，韦昌辉为北王，石达开为翼王。这样，太平天国政权便有了自己

的领导核心。

不久，太平军挥师北上，向湖南、湖北进军，因为纪律严明，所以深受老百姓的拥戴，每天都有数以万计的百姓加入太平军。太平军一路势如破竹，很快就打到了江宁（今江苏省南京市）。

公元1853年，太平军占领了江宁，把江宁改成了"天京"，成了太平天国的首都。清朝统治者对此惊恐万分，不停地派出精锐部队进行围剿，可是最终都以失败告终。

就在清政府无可奈何的时候，太平军内部爆发了一场可怕的内讧。公元1856年，东王杨秀清居功自傲，逼迫洪秀全封他作"万岁"。洪秀全悄悄地把韦昌辉和石达开召回京。在洪秀全的授意下，韦昌辉杀掉了杨秀清。之后，韦昌辉开始了为期两个多月的大屠杀，两万多名太平军将士在这场屠杀中死去，就连翼王石达开的家人也被残忍杀害了。石达开一气之下，带着自己的十万多部属出走西南，继续反清活动。经历了这些变故后，太平天国开始衰败了下来。

公元1864年6月，洪秀全病逝。7月，曾国藩率领的清军攻陷南京，太平天国正式灭亡。

太平天国运动是我国历史上规模最大的一次农民起义，有力地打击了清王朝的封建统治和外国的侵略，在历史上留下了光辉的一页。

火烧圆明园

1860年，就在清政府被太平军弄得焦头烂额的时候，英法联军又攻陷了北京，占据了圆明园。圆明园是一座皇家园林，被称为"万园之园"。它不仅规模宏大，而且珍藏着数不清的财宝。英法联军进入圆明园后，开始了疯狂的掠夺，抢走的文物达到了一百五十万件之多。最后为了掩饰他们的丑行，他们纵火焚烧了圆明园，大火一直烧了三天三夜，昔日富丽堂皇的皇家园林，最终沦为了一片废墟。

1857年，天京事变后，石达开负气出走，率领主力部队十万人出走西南，继续反清。但由于远离根据地，于1863年6月在四川大渡河畔全军覆没。

知识链接

近代

485

李鸿章与洋务运动

 洋务运动又叫自强运动，可是最后却以失败告终了。请说一说洋务运动失败的原因。

鸦片战争结束后，清朝的一部分官员觉得要解除内忧外患，必须学习西方先进的科学技术。有的官员则坚决反对，这样一来，清王朝内部出现了两个派系——洋务派和顽固派。

公元1861年，清朝的第九位皇帝咸丰帝病死，他的儿子载淳即位，即同治帝，当时只有六岁，大权都掌握在了慈禧（xǐ）太后的手中。因为慈禧太后和顽固派有冲突，所以为了稳固自己的地位，于是大力支持洋务派。同年，两江总督曾国藩在安庆创办了"安庆内军

李鸿章

晚清名臣，洋务运动的主要领导人之一。建立了我国第一支西式海军北洋水师。与曾国藩、张之洞、左宗棠并称为"中兴四大名臣"。

械所"，制造洋枪洋炮，轰轰烈烈的洋务运动从此拉开了序幕。不过，在洋务运动中活跃最久的人是李鸿章。

李鸿章是安徽人，他是曾国藩的学生，曾国藩非常器重他，多次对周围的人说，李鸿章是一个能够担负重任的人。后来因为在镇压太平天国等农民起义中立下了赫赫战功，李鸿章的官越做越高。

公元1865年，李鸿章做了两江总督。这个时期的洋务派以"自强"为目的，为了解决清政府武器装备落后的问题，在曾国藩的支持下，李鸿章在上海创办了当时规模最大的军工厂——江南机械制造总局，主要生产枪炮、弹药、轮船和钢铁。

公元1868年，江南机械制造总局制造出了我国历史上第一艘炮舰"恬吉"号，它是木质船身，装备了九门火炮。虽然和西方的军舰比起来还差了很远，但是因为是中国人自己制造的舰艇，所以在当时引起了不小的轰动。

随着军工企业的创办，以李鸿章为首的洋务派逐渐认识到，强大的国防需要和国家经济的发展相配套，于是便打出了"求富"的旗号，兴办了一批民用企业。

公元1872年，李鸿章在上海创办了轮船招商局。这是洋务派的第一个民用企业。招商局开办仅三年时间，就为清政府挣了一千三百多万两银子，还将业务发展到了国外，打破了外国航运公司的垄断局面。

当时，西方帝国主义列强都拥有强大的海军，他们对中国的入侵都是从海上实现的。于是公元1874年，以李鸿章为首的洋务派决定组建自己的海军，他们经过了近十年的努力，终于建成了北洋、南洋、福建三支水师。其中由李鸿章创设的北洋水师实力最强、规模最大。

公元1894年，中日甲午战争爆发，双方在我国黄海激战五个多小时，北洋水师全军覆没。洋务派自强的成果在这短短的五个多小时中灰飞烟灭，持续了三十多年的洋务运动以失败告终。

公车上书

北洋水师全军覆没后，1895年，中日双方签署了《马关条约》。《马关条约》签订的消息传到了国内，激起了全国人民强烈的反对。这个时候，康有为、梁启超等一千三百多名举人正在北京参加会试，他们听到消息后，群情激奋，他们联名给光绪帝上了"万言书"，反对在条约上签字，要求变法。因为汉朝的时候，凡是读书人进京应试，都由公家配备车马接送，后世就用"公车"作为举人进京应试的代称。所以这次上书被称为"公车上书"。

公元1880年，李鸿章创立了北洋水师学堂。这是我国北方的第一所海事学校，为北洋水师培养了许多军事技术人才。

知识链接

近代

康有为百日维新

戊戌变法仅仅持了一百零三天，便以失败告终，说一说，这是为什么？

　　"公车上书"最终以失败告终。然而在这次事件后，康有为和梁启超成了家喻户晓的人物，上书内容也广为流传，于是民众要求变法的呼声越来越高。光绪帝当时认识到，清朝现有的制度已经腐朽不堪，再不变法恐怕真的有亡国灭族的危险，于是产生了变法的念头。

　　光绪帝载湉（tián）

爱新觉罗·载湉

　　即光绪帝，清朝的第十一位皇帝。在位期间痛定思痛，企图变法以自强，然而在慈禧太后为代表的守旧派的反对下，变法失败，最后被囚禁在了中南海瀛（yíng）台。

本来是醇（chún）亲王的儿子，同治帝死后因为没有儿子，所以慈禧太后便让载湉做了皇帝，当时他只有四岁，朝廷大事都由慈禧太后掌管。光绪成年后名义上开始亲政，可是大权仍然掌握在慈禧太后的手中。光绪决定利用变法这个机会，把权力从慈禧太后那里夺过来，重新振兴清王朝。

光绪帝几次三番想要召见康有为，可是保守派的王公大臣们却严加阻挠，说康有为的官太小，按照祖制皇帝不能召见，光绪帝一点办法也没有。

公元1897年冬，德国强占了胶州湾，引发了列强瓜分中国的狂潮。康有为又一次上书光绪帝，指出如果再不

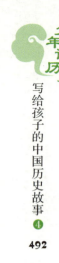
变法，国家将危在旦夕。公元1898年正月，光绪帝不顾保守派的反对，在颐和园的勤政殿接见了康有为，表示不做"亡国之君"，让康有为全面筹划变法。

6月11日，光绪帝颁布了《定国是诏》，变法正式开始。这个时候的慈禧太后并没有明确反对，她对光绪帝说："只要不违背老祖宗的规矩，想怎么变就怎么变吧！"

变法开始短短三个月中，几乎每天都有新的法令颁布，内容涉及教育、科技、国防、官职等方方面面。因为这一年是农历的戊戌年，所以这次变法被称为"戊戌变法"，支持变法的官员被称为"维新派"。

随着变法的进一步深入，渐渐触犯到了以慈禧太后为首的守旧派的利益。这时候，一些守旧派大臣上书慈禧太后，要求杀掉康有为等人；还有人要求废掉光绪帝，另立新君。慈禧太后这个时候再也坐不住了，决定和手握重兵的直隶总督荣禄联手进行反击。不久，她找了个借口，罢了光绪帝的老师翁同龢（hé）的官。翁同龢也是这次变法的支持者，光绪帝感觉事情不妙，于是赶忙秘密召见了维新派官员杨锐，给了他一道密诏，阐明了自己当前的处境，向维新派求助。

康有为、谭嗣（sì）同等人看到诏书后非常着急，可是他们都是读书人，手中没有兵权，根本没有办法和荣禄等人抗衡。这个时候，他们把希望寄托在了一个人的身上，这个人便是袁世凯。

袁世凯当时是荣禄的部下，他的手中掌控着一支很有实力的军队，因为他曾经参加过维新派组建的"强学会"，所以维新派党人把他当成了最后一棵救命稻草。然而野心勃勃的袁世凯却把一切都报告给了荣禄，做了可耻的叛徒。

詹天佑和京张铁路

詹天佑是我国著名的铁路工程专家，1905年，清政府决定在北京和张家口之间修建一条铁路。当时英国和俄国都争着要修，双方争执不下，清政府这才让詹天佑担任了总工程师。有人对他不放心，劝他不要参与这个高难度的工程。詹天佑说："京张铁路假如失败，不但是我的不幸，而且会给我们国家带来很大的损失。外国人说我国的工程师不行，我一定要证明给他们看！"为了给国人争气，他和大家一同吃住在工地，仔细勘探，大胆试验，经过四年艰苦的劳作，终于成功地修建了京张铁路。

近代

公元1898年9月21日，慈禧太后突然发动政变，将光绪帝囚禁在了中南海瀛台；然后发布训政诏书，宣布再次临朝"训政"，戊戌变法失败了。因为变法前后仅仅持续了一百零三天，因此也被称为"百日维新"。

戊戌变法失败后，康有为、梁启超出逃海外，慈禧太后下令逮捕了谭嗣同、杨深秀、林旭、杨锐、刘光第、康广仁等六人，并把他们杀掉了，历史上把这六个人合称为"戊戌六君子"。

戊戌变法虽然失败了，却为十三年后的辛亥革命奠定了思想基础。

《马关条约》是清政府和日本于1895年在日本马关签订的不平等条约。条约规定，中国割让辽东半岛、台湾全岛及所有附属各岛屿、澎湖列岛给日本，赔偿日本2亿两白银。中国还增开沙市、重庆、苏州、杭州为商埠，并允许日本在中国的通商口岸投资办厂。

知识链接

革命的先行者孙中山

孙中山是我国近代民主革命的先行者，说一说，他对中国革命的贡献都有哪些？

　　康有为流亡海外后，建立了"保皇会"，导演了一场又一场的闹剧，渐渐成了我国民主革命进程中的一股逆流。与此同时，由孙中山领导的资产阶级民主革命登上了历史的舞台。

　　孙中山是广东省香山县（今广东省中山市）翠亨村人。他小的时候，村子里有个参加过太平天国运动的老兵，经常给孩子们讲述太平天国的故事，童年的孙中山是最忠实的听众，并且渐渐对洪秀全等反清志士崇拜起来。

　　孙中山十二岁的时

孙中山

　　我国近代民主革命的先行者，提倡三民主义。辛亥革命后，就任中华民国临时大总统。

近代

候，在他的哥哥孙眉的资助下，来到了檀香山（位于美国夏威夷），进入当地的教会学校学习。公元1892年，孙中山从香港西医书院毕业，成了一名医生。当时的中国已经彻底沦为了半殖民地半封建社会，在帝国主义和封建统治者的双重压迫下，老百姓苦不堪言。孙中山一面在广州、澳门等地行医，一面寻找着救国的良方。

公元1894年，孙中山上书李鸿章，提出了一系列的改革主张，但是没有被采用。同年11月，对清政府彻底失去信心的孙中山回到了檀香山，他创建了我国的第一个革命团体——兴中会，打出了"驱除鞑虏，振兴中华，创立合众政府"的旗号，号召仁人志士们参加革命，挽救危局。

公元1895年，孙中山回到广州，决定重阳节的时候在广州发动起义，可是起义前夕机密被泄露，最终以失败告终。孙中山被迫流亡到了海外，在此期间，他一直没有停下革命的步伐。

1905年，孙中山在日本东京创建了同盟会，被推选为总理，提出了著名的三民主义，即民族、民权、民生。同盟会成立后，孙中山一面积极宣传革命，一面在华南各地组织武装起义，其中包括著名的黄花岗起义，最终都以失败告终。

相关故事

黄花岗七十二烈士

公元1911年4月27日，黄兴带领一百三十名敢死队成员，在广州发动起义，这是同盟会发动的第十次武装起义。起义爆发后，敢死队员和清军展开激战，后来因为孤军奋战，最后以失败告终。起义失败后，同盟会会员潘达微冒着生命危险将战死和被俘后慷慨就义的七十二名革命党人的遗体，埋葬在广州市东北郊的黄花岗。历史上将这些死难的革命党人称为"黄花岗七十二烈士"。

公元1911年10月10日，武昌起义爆发了。起义军占领了武汉三镇，成立了湖北军政府，在全国燃起了燎原的烈火，随后各省纷纷宣布独立。12月，孙中山回国，被选为中华民国临时大总统。

近代

第二年元旦，孙中山在南京就职，中华民国由此诞生了。不久，清朝的末代皇帝宣统帝宣布退位，两百多年的清朝统治和两千多年的君主专制制度被推翻，共和国的旗帜从此飘扬在了中华大地上。

陆皓东是孙中山幼年的同学，广州起义失败后，不幸被捕。他在狱中受尽酷刑，可是坚决不肯招出同党，最后壮烈牺牲，成了我国为革命牺牲的第一人。

知识链接

轰轰烈烈的五四运动

 五四运动是由青年学生组织的爱国运动。说一说，你眼中的这场运动是什么样的？

孙中山担任临时大总统后不久，袁世凯便取代了他，担任中华民国的总统，从此胜利的果实落入北洋军阀的手中。

1918年，第一次世界大战以协约国的胜利而告终。第二年，巴黎和会召开，中国作为战胜国也参加了这次和会。中国代表团提出取消帝国主义列强在华的各项特权，取消日本帝国主义与袁世凯订立的"二十一条"等不平等

 袁世凯

北洋军阀的领袖，中华民国的第一任大总统。后宣布称帝，改元"洪宪"。袁世凯逆行倒施的行为遭到了各界的反对，这一政权也仅仅维持了八十三天便消亡了。

条约的要求。然而以美、英、法为首的帝国主义列强不仅拒绝了中国代表提出的合理要求，还将德国在山东的各项特权转交给了日本。

消息传到国内，引起了国民的极大愤怒。5月3日晚，北京大学的学生举行大会，决定第二天在天安门集会，进行示威游行。

5月4日，北京高等师范学校、北京大学等十三所学校的三千多名代表，怀着炽烈的爱国热忱（chén），从四面八方涌向天安门广场。他们手持标语、旗帜，上面写着"取消二十一条""还我青岛""严惩国贼"等慷慨激昂的口号。

张勋复辟

张勋是清朝末年的江南提督，虽然清朝灭亡了，可是他仍然忠心耿耿，一直不愿意剪掉脑后的辫子，他手下的官兵也都留着辫子，被人称作"辫子军"。公元1917年，北洋政府的大总统黎元洪和总理段祺瑞因为争夺权力，闹得不可开交。黎元洪只好给张勋发了一份电报，让他进京来调停。张勋得到消息后，觉得机会来了，立刻带着五千名辫子军进了京，开始了他的复辟大业。他把大总统黎元洪赶出了北京，重新拥立已经退位的宣统帝溥仪，通电全国改挂龙旗，自任首席内阁议政大臣。不过这场闹剧仅仅持续了十二天，便被段祺瑞打败了。

等游行队伍到达东交民巷使馆区的时候，突然受到了军警的阻拦。在中国的土地上中国人居然不能随意通行，学生们被激怒了。这个时候，突然有人大喊一声："去找曹汝霖，问问他为什么要和日本人签署秘密条约！"

大家听了，立刻退出了东交民巷，潮水般向赵家楼涌去。曹汝霖的家在赵家楼2号，他听说学生的游行队伍来了，赶紧命人把大门关得死死的。学生们进不去，大家一

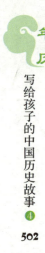

面高喊："卖国贼曹汝霖快出来！"一面往院子里扔石头。这个时候，有个名叫匡互生的学生突然发现大门左侧有一个窗户，立刻跳上窗台，砸碎玻璃跳进了院子里，为大家打开了院门。学生们冲进了内宅，可是到处都找不到曹汝霖，一气之下，放火点燃了房子。不久，军警赶来灭火，逮捕了三十二名来不及散去的学生。第二天，北京专科以上的学生全部罢课，天津、上海等地的学生闻讯后，也纷纷罢课支持北京学生斗争，这场爱国运动迅速席卷全国。

6月5日，上海工人罢工，响应学生，运动的主力从北京转到了上海。6月7日，北洋政府迫于压力，宣布释放被捕学生，罢免了曹汝霖、陆宗舆（yú）、章宗祥三人的职务，并且拒绝在"巴黎和约"上签字。

五四运动在各界的共同努力下取得了胜利，揭开了中国新民主主义革命的序幕。

1922年2月4日，中国和日本在华盛顿签订了《中日解决山东问题悬案条约》，正式收回了山东半岛的主权。

知识链接